韓秀
show
上桌

一位外交官夫人
的宴客秘笈

韓秀 著

臺灣商務印書館

給味蕾一些新的選擇（代序）

二十世紀八〇年代初，嫁作外交官婦，深深感覺無所適從，懷著求知的渴望，向資深的外交官夫婦請教安身立命之法。

其妻子熱情而體貼，很誠懇地告訴我，一雙或者數雙不一定美麗但非常舒適的鞋子是不可或缺的。「那許多需要站立四、五個小時的雞尾酒會啊！你肩膀以下穿些什麼東西根本沒有人看得見，絲襪鉤了一個洞都不要緊，如果鞋兒不合腳，要不了多久，你可就笑不出來了，那才是至關緊要的啊！」

那外交官丈夫看我認真受教向學心切，便語氣親切地加以補充：「有一回，我們在家裡大宴賓客，流水席的格式，上菜的小姐顧了手上顧不到腳下，鞋尖被地毯絆住，一個跟蹌撲向前去，她端著的大銀盤扣在地板上了，那盤子裡可是一隻烤得恰到好處的碩大火雞。大家都嚇得說不出話來，前門門鈴一直在叮零零地叫，客人們正在陸續抵達。就在那時候，像變魔術一樣的，我太太穿得整整齊齊，走進餐廳，手裡端著另外一隻大盤子，上面是排列齊整、做好了裝飾的烤子雞，香味濃郁。」

夫婦兩人相視而笑。

那一天，我學到不少，知道了不但要把自己安頓得舒適、自在、端莊、整齊，端得出像樣的菜餚來，還得具備應付各種「危機」的能力，其中包括備份的美味佳餚，以防不時之需。

於是，就從那一天起，我不但成了好鞋店的常客，也成了各國美食

的研究者。

　　愛家人愛朋友，隨時準備招待乘風而至的舊雨新知，這讓我習慣性地研究一切與餐桌有關的物質和器具，漸漸地，在它們成百上千的組合之中，出現了一種品味，一種格調，一種氛圍，非常的美麗，非常的怡人。

　　這種種美麗連結著人們的味蕾。敏感的味蕾有了多種選擇，變得更加敏銳之際，也就是坐在餐桌旁的人們，其心境最為愉悅的時候。於是，我們這本小書有了一個可愛的主旨，那便是實實在在為熱愛美食、珍惜友情與親情的朋友們提供一些宴客的私房秘笈。多年來，「真刀真槍」的認真演練也讓我時常掛念著奔波在廚房與餐廳之間的人們，也要給這些勤勞的人們提供一些選擇，讓我們所提供的美好持久而且富於變化。

　　在提供和接受這許多選擇的時候，我們會觸摸到一種有趣的文化，這就是餐桌文化。樸拙與華麗、簡單與繁複、清雅與濃郁，共同來營造色、香、味，共同來營造各種不同的餐飲方式和內容。

好整以暇待客來

　　中國人常說，中國菜吃到最後杯盤狼藉，是中吃不中看；西餐吃到什麼時候都是整整齊齊，卻是中看不中吃。

　　其實，中餐西餐都可以做到中看又中吃，端看主人平時怎樣持家，請客的時候又準備下多少功夫。「好整以暇」是以勤快、細緻作前提的。

　　無論是東方人還是西方人，到底因為什麼原因而喜歡出門作客，去品嚐識與不識的人所燒出來的，天曉得合不合自己口味的菜呢？最主要的原因不外有三。

　　首先是好奇之心人人有之。請客的人家是個什麼樣子，大家都想知道。

　　再來，人多半也有認識新朋友的願望。那怕成不了朋友，多個熟人多條路，有朝一日那熟人對自己的生活、事業大有助益亦未可知呢。

好整以暇待客來

　　第三，最平常的，人有散心的願望，忙碌而刻板的生活之餘，換換氣氛也不錯。

　　這麼一來，做主人的就明白，家居環境的認識與整理就成了招待客人不可或缺的準備工作。

　　整理、美化園子當然是要務，陽臺上的花草也得修剪合度。

　　玄關、客廳、餐廳裡懸掛的字畫不僅要合適，更要熟悉書畫家的生平、字畫的來源。如果能夠娓娓道出一些會給人帶來愉悅心情的小故事，那就更好。如若來客指著一幅小油畫興趣盎然地向男主人打聽畫家是何方神聖，男主人一臉尷尬，回答說上個周末女主人才買回家，自己又每天忙得昏頭轉向，尚未找到時間探問究竟。話是不錯，頗為誠實，可惜客人早已興頭大減。

　　最棒的情形是，對自己的收藏不但可以說出一番道理來，更能夠隨手從書架上拿出一本畫家的圖錄、生平介紹之類的材料來，給來客一個深入了解的機會，話題自然由泛泛而轉為深入，賓主雙方都有了發揮的空間。

　　西方人通常在作客的當兒不談政治、宗教，更不談他人隱私。如果主人壁上懸掛著一幅美麗的唐卡，或是客廳茶几上端立著一幀拜占庭聖像畫，主人必是已經準備好說詞，將涉及宗教與政治的話題引向藝術，皆大歡喜。

　　要請客了，第一個題目便是請多少人？請誰？

　　能夠請多少人來家裡，自然也要看自宅有多大地方。那怕住得十分寬敞也不必一下子請上百人，因為在短短數小時內，這麼多人不可能聊得盡興，也不太可能對這場餐會留下比較深刻的印象。

　　我自己請客，一般以十二人為限，長餐桌拉開，大家可以坐定。或者採取「自助式」，擺出一張餐桌，一張吧檯，餐桌上擺放冷盤與熱

菜、餐巾與刀叉、大小盤盞。吧檯上除了水、酒、飲料之外當然還有各式玻璃杯、冰桶、小餐巾、檸檬、橄欖等等調酒必備之物。賓客各取所需，談話對手可以自由搭配。前者比較正式，後者比較舒適、隨便。各有千秋。我自己比較鍾情稍微正式一點的宴客方式。

要點在於，主人必須要讓來客在赴宴之前就心中有數。一般來說，我們在邀請函上會註明「正式」或「非正式」。賓客一看到「Business Suit」就明白西裝、領帶、裙裝必不可少。「Casual」則只要整齊就好，襯衫長褲都可以作出客的行頭，只要搭配合宜。有些收到邀請的客人非常認真，不但及時回函表明自己會出席，甚至還會打電話來客氣詢問赴宴的衣著，順便了解，還有些什麼樣的賓客會在餐會上出現。對這些來電必須有問必答，千萬不可以敷衍搪塞。客人們有備而來，整個餐會的氣氛才會分外融洽。（註：順便一提，國宴或者官式宴會，要求與會嘉賓身著禮服，請帖上會注明Black Tie，甚至White Tie。）

賓客名單確定之後，下一步便是安排宴客的具體細節。客人多半是熟人，也沒有太特殊的狀況，大家圍坐長餐桌，是個不錯

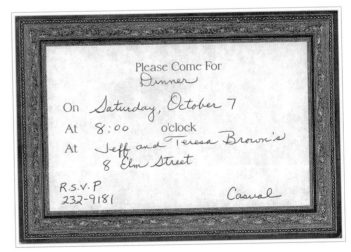

這是一張常用的請帖〔信封上有收件人姓名，請帖上只有時間、地點、宴客內容（晚宴）衣著要求（Casual）、回電號碼（R.S.V.P：無論是否赴約，均請回電）〕

的辦法。每一位的座位要事先排定。通常是男女相間，夫婦分開坐，首尾座位則屬於男、女主人。如果餐廳裡有壁爐（fireplace），靠近壁爐那個位子又正好是首或尾的位子，這個位子通常屬於男主人。

如此安排，可以使得大家有機會與不常見面的朋友聊天。西餐桌上，男客為身邊的女客拉開椅子、陪女客聊天都是展示其紳士風度的機會，一般人都不肯錯過的。

語言也是安排座位的重要因素。千萬不要把沒有共同語言的客人排坐在一起。一位來自日本，一位來自智利，如果他們都通英文，那就比較簡單。當然，也有可能這位智利客人正在研究日本文學，那自然更加投緣。要不然的話，比較保險的安排是請他們分開坐，免得「談不攏」。

另外，有些客人以善辯聞名，一向話多，且機智、幽默、十分風趣，懂得隨機應變。這些客人都是社交場合的寶貝，一次邀請一位就好，給他(她)放言高論的機會。

當然，我們還得知道，並不是每一位主人都會將心裡的盤算用名牌標示出來。有時候，我們出門赴宴，到了入席的時候卻看不見名牌不知道自己應該坐在哪裡。這時候，最聰明的辦法就是請教正好在不遠處的主人，「您要我坐在哪裡？」這種詢問很普通，並不失禮。

外交圈多的是音樂素養極高的各國人士，席間音樂以輕柔為上，交響樂、歌劇、著名的管絃樂作品都不太合適。要不然，一位或數位行家正津津有味地細聽那天籟之聲，身邊哪怕有美人殷殷相詢也是充耳不聞、所答非所問的，豈不大糟？如果主人是樂迷，大可在筵席近尾聲，人人啜飲飯後酒，有些賓客已經開始準備告辭的時候，再來獻寶。如此

這般，非樂迷享受了美酒、佳餚、溫馨的對話，可以決定去留而了無遺憾，樂迷們則可以精神抖擻地開闢新領域，在酒足飯飽之餘和同好們互通有無一番。所以，請客之前，一定要把席間所需 CD 放進音響設備，也要把準備在飯後播放的 CD 置放於容易找到的地方，這樣才不會導致手忙腳亂。

席間氛圍的營造周詳至此，仍然有些關鍵之處需要特別留心。

自助餐，大家隨意，小朋友則需要特別安排一桌，最好有一位極富耐心的年輕朋友相陪，這樣才萬無一失。如若是大家圍坐一張長餐桌的情形，或者不邀請小客人，或者事先為小客人安排另外一間小型餐室，有專人照顧，這樣才能保證大人孩子輕鬆自在，「相安無事」。

長餐桌上，每位食客的位置也不要安排得太擁擠。如此，才能讓大家都吃得痛快、聊得盡興。

我自己比較喜歡在餐桌上擺放名牌，不但對客人表示了恭敬，也減少了主人自己的工作量，大家對「名」入座，做主人的只要稍加留意就不致出錯了。

所以，請帖與名牌的書寫都至關重要，對客人的稱謂也都要牢記在心。比方說，雖然是史密斯先生和夫人同來赴宴，但是史夫人是積極的女權運動家，不冠夫姓。請帖與名牌上都不能忘記她是斯威芙特女士，而不是史密斯太太。聚談中，卻可以直呼其芳名，讓史密斯先生避免尷尬，心情舒暢。

當然，我們也不能忘記，今天的國際社交圈，已經出現了許多五十年前的人們無法想像的情形：紳士們帶著情人，半老徐娘身邊一位親密美少男。謝天謝地，人類字典中尚有「朋友」這個詞彙，我們做主人的

就只當他們是帶著朋友來赴宴即可。人群中不會有人說三道四,畢竟那是當事人自己的事情,與旁人毫不相干。如果有客人向主人打聽:「那位身穿藍色低胸晚禮服的美女是亨利爵士的秘書嗎?」主人大可親切回答:「噢,那位美麗的小姐是爵士的朋友,她是瑪莉‧費雪曼,很可親的女孩子,是位滑雪健將。」聽到這樣得體的回答,任何「包打聽」自然會知難而退。

事到如今,給客人的請帖已經發出,名牌也已經撰寫完畢,家居的方方面面都已經安排妥貼,我們進入下一個大工程,桌布、餐巾和餐具的選擇。

正式晚宴,無論家具顏色深淺,桌布多以白色、象牙色為主,全棉織品為最好。西餐餐具多是銀器,水晶燈下如同刀光劍影,帶著森森寒意,全靠餐盤的花色,餐桌中心的燭光、鮮花加以緩解。安排餐桌的時候,需要用心設計。

不是十分正式的晚宴,桌布的色彩應該與家具、窗簾相諧。窗簾素淨,桌布大可有些色彩,從而大大緩和刀叉帶來的冷冽,添加出一些家居的氣氛。歐

選擇桌布是大學問

洲人，尤其是地中海沿岸的居民尤其熱愛淺咖啡色、藍色、金黃色、橙色等等美麗的色彩，讓餐桌上的氣氛格外熱烈。

夜幕尚未降臨，陽臺上，桌椅已經擺放齊整，靜待貴客光臨

在陽臺或是露臺上擺放餐桌椅，桌布色彩一定要和椅墊相諧。我曾經在雅典自家陽臺上請客。這種環繞房子而建的大型陽臺，招待三、四十位賓客仍然寬敞得很。我選擇深藍色帶金花圖案的法國棉織品，做成椅墊和桌布，與雪白的陽臺有一點對比，與淺褐色的地磚又非常和諧，增加了美感，頗受好評。

至於餐巾，永遠選擇桌布的同類織品。

節日則有所不同，感恩節以南瓜色象徵豐收；聖誕節以紅色、金色、綠色代表喜慶；復活節以嫩黃、淺綠、粉紅表達春回大地的喜悅。這都只是一般的約定俗成，我們可以發揮巧思，在桌布與餐巾的組合上有些變化，給節日的餐聚增添歡樂。

如果，餐室裡面已經有牆紙、牆布、壁畫或者護牆板作裝飾，或者餐室天花板繪有穹頂畫，或者窗簾絢麗奪目，桌布和餐巾自然是以白色、奶油色、亞麻色為首選。

在歐美旅遊，順便添置自家的桌布餐巾，是很好的購物計畫。有一次，在羅馬巧遇一家桌布餐巾專賣店。被華麗的櫥窗吸引，我信步走了

桌布如花器，多些選擇為佳

進去。店員是一位風度翩翩的中年男子，他對我提出的問題非常專業，「請問，您要尋找的桌布是為府上哪個房間預備的？」，「這張桌子的材質是什麼？紫檀、花梨、櫻桃木、橡木、楓木……？」「這張桌子的形狀是圓、正方、長方、橢圓……」最後才是尺寸，直徑、寬度、長度以及加長桌的幾個不同的長度。

就在我一一準確回答這些提問的時候，聽到鄰室發出布匹落在桌上清脆的辟啪聲。原來，年輕的店員已經根據我的回答將尺寸合適可供選擇的桌布像彩虹一樣鋪展在展示臺上。那景象只能用富麗堂皇來形容。我努力穩住心神，遨遊在色彩與圖案的河川裡，審慎挑選。終於，為起居室的一張方桌，為橢圓型餐桌的三個長度，一共選出四條桌布，以及配套的若干餐巾。

桌布如同花器，多些選擇便多些便利，是絕不嫌多的。重點是出門採購之前一定要做好功課，羅馬商人對我提出的問題正好可以給大家做個參考。

請客之前，桌布與餐巾先有了定案，色調相宜的餐盤才能跟著有了盤算。

如果使用銀器，必須先挑揀出來，並且在宴客前一天將它們擦得光

可鑑人。

好了，這個時候，我們可以開始考慮菜單。

Tips ▪

◎西式餐桌也可以不用桌布，改放一長條桌飾（runner）。蕾絲、刺繡、織毯，各種材質可以隨節令、餐盤色彩、窗簾、牆布、或牆紙的不同設計而更換。國內朋友出國旅行，稍加留意，必然可以選到稱心的。家裡如果有中式條案，添加一條西式 runner 更加華麗。在上面置放花瓶、水果盤、小擺設都相宜。

◎家有圓桌的朋友，一樣可以在自己家裡請客吃西菜。比較正式的，鋪上桌布，圓桌布自然是好。大圓桌上鋪一條方桌布，四角懸垂，也是十分美觀大方的，值得考慮。比較隨意的親朋好友餐聚，可以為每位朋友準備小桌墊（place mat），西式盤盞置放於桌墊之上，客人還是可以欣賞到中式圓桌的優異質地和氣派。當然，與桌墊相諧的餐巾還是不可或缺。

◎女主人手邊應當有隨時準備應急的一條或者多條與桌布同色的餐巾。如果客人碰倒了葡萄酒杯，深紅色的葡萄酒正向一位身著白色紗裙的小姐滴去。女主人不動聲色地將一條或兩條乾淨平整的餐巾蓋住正在流淌的酒液。白衫小姐倖免於難，闖禍的紳士也避免了尷尬。這一切都要做得眼明手快天衣無縫。當然，多購置幾條餐巾，也就成了必須。

◎年過八旬的老人家，最好避免邀請至大型宴會，人數不超過六位的小型家宴式聚會則合適得多。突顯了主人對老人的敬重，老人家也比較輕鬆自在。萬一有突發狀況，也比較容易應對。

我的備忘小札

巧手點睛，光彩動人

法式菜單＆百分百中國味的西洋芹炒香乾

　　中國人懂得吃，中式美食享譽世界，是不爭的事實。人們在世界各地生活，無論其祖上來自東方或者西方，有一個「中國胃」的絕不在少數，其中更有許多美食愛好者，其胃可納乾坤，其味蕾卻偏愛中式烹調。

　　宴客的日子，如果一桌菜全是中式的，主廚又正是女主人自己，那辛苦可想而知。汗如雨下之後，很難保持嫻雅的儀容且不說，更完全失去了與客人懇談的機會。忙了數天，大家匆匆吃完，讚美了一番，紛紛離去，面對杯盤狼藉，女主人難免悵然若失。

　　我採畫龍點睛之法，西菜做鋪墊，有條不紊上了桌。然後，女主人繫上圍裙，將一排排整齊有序的材料一一下鍋以後，翻炒幾分鐘，熱氣騰騰，色香味俱全的一兩道中式熱炒成為整個筵席的高潮。於是，那尾「龍」活了起來，大家的味蕾也迅速興奮起來，不消一時三

各國菜肴同桌競技，中式炒飯和春捲常「位居要津」

刻，賓主盡歡的場面就會出現。女主人也可以消消停停和客人聊天，而不至於忙到精疲力盡。

菜單怎樣排法？要素有四：

首先，西菜基本上需要前菜（appetizer）、湯、主菜與主食。主菜可有兩至三道，不可或缺的是一道熱的蔬菜，肉類則牛、羊、海產、禽類各選一或兩種。主食除了麵包以外，米飯、餅類、麵類都可以。最後則以甜點收尾。

中式烹調的加入，可以爆醃或涼拌小黃瓜加入前菜陣容，可以乾煸四季豆作蔬菜類，可在主菜中加入一盤清炒蝦仁、一碟宮保雞丁、甚至那怕是一盤青椒炒肉絲也可以大大活絡主菜的質感。兩道主菜之間，來上一盞榨菜筍絲湯。美食家們都會將感激的目光投向女主人，感謝她如此細心而周到地以如此爽口的恩物，使他們已經開始疲憊的味蕾再次敏銳起來。

其次要檢視菜譜，那種「鹽少許」、「水適量」的食譜對於精於廚藝者當然不是問題。初學者最好先來試煉精確的食譜，四分之一茶匙，就是四分之一茶匙，不需增減，一切準備工作如同在化學實驗室一樣準確而俐落地完成。每一道菜的每一種材料依下鍋先後排定，可以大大減少臨陣的忙亂。

第三點尤其要緊，就是每一道菜究竟需要多少時間才能準備妥當？其中包括加熱之前的清洗、醃浸和真正上爐烹飪的兩個時段。將時間表排列出來。現代爐臺無論瓦斯、電圈、或電磁，通常有四個火口，只要安排妥當，兩個菜同時進行是可能的。無論如何，我們一定要避免客人飢腸轆轆地苦候，或者菜都涼了，客人尚未進門。

第四點，食譜中所需要的食材都要買得到。買不到的時候，一定要有另外一份食譜候補，盡量不要使用代用品，更不要隨意改變那些經過千錘百鍊的經典食譜。

下面，我們試排一張菜單，適用於六位食客，「主旋律」是法式菜餚。

> 前菜：生蠔，佐以啤酒
>
> 湯品：蔬菜清湯
>
> 主食：法式煎餅
>
> 主菜：燒烤雞胸肉、西洋芹炒香乾，佐以不加糖的白葡萄酒 (dry white wine)
>
> 甜點：酒香草莓，佐以咖啡、紅茶

在這個十足法國風味的菜單上，西洋芹炒香乾是一道百分之百的中國菜，粗大的西洋芹嫩脆爽口，和切成細絲的香乾 (豆腐乾、五香豆腐乾) 下鍋同炒三分鐘，加上四分之一茶匙鹽調味，用來捲餅，或者和已經烤好的雞胸肉一道捲餅，都適合喜愛東方美食的食客。

餐聚高潮到來之前的鋪墊工作要一樣一樣來，半點馬虎不得。

烹生蠔 *Sauteed oysters*

■ 作法：

重點在清洗。活的蠔，蚌是合著的。先在清水中將一公斤生蠔外殼用小刷子仔細刷洗乾淨。刷洗過程中，必須確保每一個蚌都合得緊密，沒有半滴污水

進入蚌殼內。然後，將洗淨的生蠔用鹽水浸泡(乾淨的盆內放入半盆清水，加一大湯匙鹽，再將生蠔放進去，水沒過生蠔即可)。蠔在這種環境裡可以再活好幾小時。鹽水換過一兩次以後，把蠔的「鬍子」拔掉，將其移到清水中漂洗一番，濾乾待用。

在一個大號平鍋內放入半杯人造奶油(即植物性奶油)，加熱，待奶油完全融化後倒進一隻切成小丁的洋蔥和一瓣切成片的大蒜，在中大火上炒成金黃。

這時候，緊閉的生蠔可以下鍋了，在生蠔上加一杯白葡萄酒、二分之一湯匙奧瑞岡(oregano)、四分之一茶匙鹽、四分之一茶匙胡椒粉，蓋上鍋蓋，改成大火，鍋中物迅速沸滾，三~五分鐘之間，蚌打開了。這時候，可以將平鍋端起來，顛晃兩三次，確保每一隻生蠔都熟透了。

把一只圓形深盤放在微波爐裡預熱三十秒。把生蠔連同湯汁放進溫熱的盤子裡，澆上兩湯匙檸檬汁就可以上桌了。如果食客中有人偏愛檸檬，可將新鮮檸檬切半裝盤放在桌上，以備不時之需。

清理生蠔需時三十分鐘，烹調時間只有十五分鐘。但是，那十五分鐘如同在火線上，最好專心做妥這件事。切蔥、剝蒜、整治檸檬、預備佐料的諸般手續就在浸泡生蠔的時間內完成。真的需要腦筋清楚，眼明手快呢。

蔬菜清湯 *Kegetable soup*

■作法：

所需要的材料如下：兩根胡蘿蔔、兩根芹菜、五個白色洋菇、一杯花椰菜、一根極嫩的小絲瓜、再加半杯豌豆。除了絲瓜白菇切片，其他材料切丁即

可。在滾沸的三~四杯高湯裡，加入上述前四種材料繼續滾沸五分鐘，就可以蓋上鍋蓋用小火保溫了。生蠔上桌之後，在湯鍋裡加入絲瓜和豌豆，這兩種菜蔬不需要熬煮太久。最後灑入的是四分之一茶匙鹽和八分之一茶匙黑胡椒粉。這道湯也完全可以用悶燒鍋來料理，悶燒鍋不佔火口又具有保溫功能，請客的時候絕對是好幫手，能讓主廚輕鬆不少。

法式煎餅 *Crepes*

■作法：

法式煎餅與中式春餅不同。春餅扮演的是配角，法式煎餅卻是主角之一，戲份不少，責任重大。其柔韌、嫩滑的特質如果能夠與另外的主角搭配合宜的話，絕對會贏得響亮的喝彩聲。

學會製作法式煎餅，好處很多。靈活變化，用來捲果醬，鮮艷奪目，無論是早餐或是下午茶都十分討喜。

六位食客，每人四張餅的話，一共需要三杯麵粉 (十二盎司)、四分之一茶匙鹽、六枚雞蛋、三又四分之三杯牛奶，三湯匙已經融化的黃油 butter。在一個合麵盆裡將麵粉和鹽充分混合，打進雞蛋，用木勺攪拌一下，加入四分之三杯牛奶，大力攪拌，再加入三杯牛奶，充分攪拌均勻，最後加入黃油。

在一口直徑七英吋的小平鍋裡滴入幾滴蔬菜油(橄欖油最佳)，開中~大火，鍋熱之時，注入三湯匙麵糊，繞鍋一週，成薄餅一張，一分鐘後翻面，三十秒之後出鍋。二十四張餅需時三十六分鐘。在靠近爐臺的地方置放一只已經預熱的有蓋陶盤，每張餅出鍋以後迅速放進陶盤加蓋，不但保溫，也保護了煎餅的柔韌。

作室內燒烤只需小鍋一隻就可以開始了

法式煎餅和燒烤可以同時在爐上進行

燒烤雞胸肉 *Grilled chicken breasts*

■作法：

製作煎餅的同時，可以進行。預先在醬汁中浸泡過的大片雞胸肉，可以在另外一個火口上燒烤。法式煎餅非常有味，燒烤醬只需要日本風味的teriyaki一種就好。醬汁醃過肉面即可。如果希望肉質更柔嫩，可以加進一些蛋白，用木勺輕攪一下。將醃過的雞胸肉放進已經刷了油，而且已經預熱了的燒烤小平鍋，開中火，第一面烤三分鐘，第二面一分半鐘。在半個小時裡，燒烤工作可以結束。這時候，煎餅也已經齊備，正好肉香、餅熱，主廚可以大放寬心。

　　被蠔刺激起來的味蕾，經過一道可口的熱湯安撫之後，現在正可全力以赴迎接主菜。當食客們把煎餅放進盤子，把烤好的雞肉切成小塊，準備捲餅的當兒，殷勤的主人不失時機將不加糖的白葡萄酒注入各位的酒杯。一盤熱氣騰騰的家常中國菜——西洋芹炒香乾適時出現。碧綠的芹菜和老實厚道的豆腐乾被細心地夾進捲餅，富麗的法國風與清雅的中國味一同入口。生蠔留下的餘韻正好與可以暢飲的佐餐酒合流，使得前菜與主菜相銜接，由咽喉而腸胃，自然是舒適而熨貼的。

　　走筆至此，似乎聽到竊竊私語，就這麼兩三樣菜就好待客了嗎？不是太簡慢了一點嗎？噢，請放心，一點也不簡慢，恰恰是健康、適量、周到而美好。

酒香草莓 *Fresh strawberry with cream*

■作法：

酒香草莓可以事先預備。一公斤新鮮草莓洗淨用保鮮膜包好，放置於冰箱，上桌前才取出裝盤。

醬汁是道地法國風味，製作這道醬汁的重點是溫度的掌握。最好用的炊具是雙層小鍋（double boiler），下鍋用來煮水，上鍋用來攪拌醬汁。這種隔水加熱的法子使得醬汁的溫度夠高，但是不會猛烈沸滾，醬汁得以保持水分不會太乾燥。沒有雙層小鍋，可以用兩只口徑比較接近的小鍋來代替，比較大的那一只用作上鍋。

在上鍋裡，用打蛋器把四個蛋黃打成糊狀（蛋白可以用做燒烤的添加物），加入兩湯匙粉糖繼續高速攪拌成硬糊狀。在下鍋中用大火煮半鍋水，待水滾沸後改成小火，把上鍋放置在下鍋之上，徐徐注入四分之一杯法國名產飯後酒 Grand Marnier 或者 Cointreau，這兩種酒都是用橘子釀造出來的，甜香。用打蛋器繼續徐徐攪拌酒香四溢的鍋中物，不要超過五分鐘。

把鍋子移開火口，把上鍋裡的糊倒進一個小盆中，再把小盆放進一口裝了半盆冰水的大盆中，繼續攪拌，直到糊的溫度冷了下來。將小盆放在桌上，徐徐攪入半杯（120cc)鮮奶油（做蛋糕用的 heavy cream），一直攪到充分均勻為止。將小盆用保鮮膜包好，放進冰箱待用。製作這樣一道醬汁的時間一般在二十分鐘左右。

　　酒足飯飽的客人們看到鮮紅的草莓盛放在精巧的小果盤中，澆上去的醬汁是乳白色的，飄著酒香，甚至還有核桃、松子的小粒閃現其中，一定非常驚喜。當他們嘗過這道甜點之後，定然有女客會悄悄請教女主人這絕妙醬汁的製作之法。

　　一壺咖啡或是一壺好茶，在這個時候是絕對需要的了。

　　我們「畫」的這條「龍」，到了這個時候也是首尾俱全，活靈活現了。

Tips ▪

◎做中菜和西菜同理，材料下鍋「前後有序」是重點。每道菜的材料依前後順序在料理臺上排成直線，可以避免差錯。

◎凡是可以提前準備的菜餚或是配料(比如高湯之類)，一定事先預備。蔬菜湯可以用燜燒鍋先煮好並保溫，酒香草莓的醬汁製作手續繁複，在爐臺上必須小心操作，最好提前一天準備好，放在冰箱裡待用。

◎在爐火上用小鍋融化黃油，需要格外當心，以中小火為好，完全用小火更安全。主廚不可以離開做別的事。黃油融化，未及沸滾，馬上關閉爐火，將黃油小鍋置放在安全的地方。黃油融化之後的溫度很高，要小心燙傷。用微波爐融化黃油也很好，比較安全。

◎有特殊飲食習慣的嘉賓，必須予以特別照顧。有人因為皮膚過敏而不食海鮮，如果請這位朋友吃飯，菜單中以沒有海鮮為上。有人因為各種理由不食豬肉，菜單中則排除豬肉類。

◎我們必須「善待少數」，才能保證宴會氣氛和樂。每次宴客，有特殊飲食習慣的客人以一位為限，以保證菜單的豐富多樣。

～ 我的備忘小札 ～

歡悅的序曲
繽紛的飯前小吃

　　請客吃飯和其他任何事情一樣，有始有終才可以稱為圓滿。引領客人進入狀況的飯前社交時段正為整晚的好戲拉開序幕，在那個時段裡，主人所提供的小吃便是那悠揚的序曲。

　　得到尊重是每一位來賓的願望。座上的公主、高官、瀟灑的藝術家、熱情的鄰居、拘謹的珠寶商，每一位都是貴客，每一位都必須被主人誠心誠意地介紹給大家。那時候，小吃已然推出，人們飲料在手，邊吃邊喝邊與舊雨新知攀談，儀容自然十分要緊。小吃的要求相當簡單：容易取用、一口大小、不會湯汁淋漓。

　　堅果如杏仁、腰果之類頗受歡迎。南歐的朋友酷愛蜜餞，任何山區小店都少不了蜜餞專賣店，用作飯前小吃，一定要記得配備牙籤、小張餐巾紙。更為討喜的自然是橄欖與乳酪。橄欖不僅要配備牙籤，更必須記得留下吐核的小碟子。乳酪則要配備小刀、小叉。

　　用小餅乾（無味、並未加鹽加糖的最佳）配鵝肝醬、鮭魚，是很

希臘山區小鎮的蜜餞專賣店

出色的飯前小吃。小餅乾上加一層鵝肝醬，或者一小片燻鮭魚，用一點點香菜葉做裝飾就很漂亮。這都要事先準備好，擺放在合適的大盤中，方便賓客取用。鵝肝醬通常可以在市場上買到法國的產品，如果想自己做，也是辦得到的。如果買不到鵝肝，雞肝的滋味也不錯。

鵝肝醬 *Pâté de foie gras*

■作法：

在一個中等大小的深鍋裡加進六杯水，兩根短短的帶葉芹菜，四粒完整的胡椒，大火將水煮滾，再改為中火，熬煮十分鐘。熬煮過程中撒入一茶匙鹽。

一磅鵝肝(或者雞肝)洗淨之後，放進鍋裡，用中火煮五到十分鐘。取出一粒，切開的時候還是粉紅色的，那就恰到好處了。

把煮好的鵝肝從鍋中全部取出，丟掉芹菜、胡椒和湯水。將鵝肝放進食物處理機，或者電動打蛋器也可以，加入下列調味料：一點點(不超過八分之一茶匙)紅辣椒粉、兩茶匙乾芥末(dry mustard)、二分之一茶匙碎豆蔻(nutmeg)、四分之一茶匙碎丁香(cloves)、四分之一杯粗粗切過的洋蔥丁、一瓣切碎的大蒜、四分之一杯白蘭地。這一堆妙品被細細打成醬之後，味道已經很棒了。為了美觀，可以摻入二分之一杯無籽小葡萄乾。將葡萄乾切碎，嵌入鵝肝醬，口感會更精采。鵝肝醬做好了，倒入模具，用保鮮膜封好，置放於冰箱四小時，讓鵝肝與調味料徹底融合。客人進門前一小時，把鵝肝醬從模具中倒出來，在室溫下休息半小時，就可以塗在小餅乾(或者小麵包片)上迎候嘉賓了。

東方人喜
愛熱食，炸春
捲、炸雲吞、天
婦羅都可以當作
飯前小吃。只不
過天婦羅個頭兒
太大，最好晉升
作前菜。我最常
做，男女賓客都
喜歡的飯前小吃

小蕃茄串乳酪球，健康悅目。

還有以下幾種：

　　最為簡單而討喜的小吃是把鮮豔欲滴的小蕃茄和乳酪球串在一根牙
籤上，乳酪以mozzarella為上選。在市場裡，這種乳酪浸泡於清水中，顏
色潔白，有的切成大塊，有的擠成小球。小球狀的，幾乎和袖珍蕃茄一
樣大小。把乳酪小球在橄欖油和香草（奧瑞岡最適宜）裡沾上一沾，再和
甜酸的小蕃茄一起串在牙籤上，其口感更加適合東方食客。這種小吃紅
白相間非常悅目，營養而健康，是另一型態的沙拉，廣受歡迎。

　　另一道是培根烤蝦。

培根烤蝦 *Baked shrimp with bacon*

■作法：

中等大小的鮮蝦去殼去頭尾，洗淨，用紙巾拍乾水分。長條培根bacon切成三段，每一段正好可以將一隻蝦捲在當中，用牙籤固定住。培根本身已經十分有味，不需要添加任何佐料，就能讓鮮蝦更加不凡。怕油膩的朋友可以選擇火雞培根，幾乎完全沒有油脂，比較有益於健康。

預熱烤箱華氏三百五十度。在烤盤上覆蓋一層鋁箔紙，將固定好的培根蝦卷直接平放在鋁箔紙上。培根加熱的時候會出油，鋁箔紙能夠減少餐後清洗烤盤的工作量。

蝦捲烘烤十五分鐘，培根油已出盡，變得焦香，蝦隻粉紅鮮脆。蝦捲又正好是一口大小，作為飯前小吃是很別緻的。最要緊的是，這道點心使味蕾大為興奮，美食家吃了一兩個蝦捲之後已經多少有些迫不及待了。

這時候，餐會的氣氛猶如羅西尼（Rossini Gioacchino）之歌劇「灰姑娘」，作曲家在序曲裡使用了羅氏特有的古典漸強法（crescendo），弦樂的淒美已步步轉入歡樂的節奏，華麗的樂章馬上就要展開了。

有一道飯前小吃，可以稱作「乳酪麻花」（Cheese straws）。這道點心可以裝在籃子裡，與飲料一同擺在吧檯上，哪怕客人進門之前曾堆成一座小山，要不了一時三刻，小山變作丘陵，迅速縮小，以至消失不見。你就看吧，人手一根「麻花」，晃著杯中各色雞尾酒，笑語喧嘩，真是一幅好畫。

乳酪麻花 *Cheese straws*

■作法：

製作這種麻花先要預備酥皮。通常，我會準備兩磅酥皮，放置在凍箱裡。請客的前一天，一定要記得放在冰箱裡化凍。

作酥皮的時候，需要量出四杯麵粉(每杯四盎司)，把三又二分之一杯麵粉放進合麵盆，剩下的二分之一杯，放進冰箱待用。在一杯冰水中融化兩茶匙鹽，再把鹽水徐徐注入合麵盆中。麵粉全部沾濕，可以拉得起來，就成功了。通常一杯水不太夠，可以再加一點，但水量不要超過一又四分之一杯。稍稍攪拌一下，盆內沒有乾麵粉就可以了，用保鮮膜封好，放進冰箱冷藏，最少一小時。

一個多小時以後，把麵糰從冰箱裡取出來，在薄施麵粉的案面上，用大力揉搓。等到麵糰被揉得光滑、柔韌以後，用擀麵杖擀成十二英吋長寬的一塊正方形麵餅。

從冰箱裡取出四分之三磅黃油(butter)，若使用長條型黃油，三條剛好。用小刀切成三分之一吋厚的片，一片一片放置在麵餅上，用擀杖輕輕輾壓，將黃油壓進麵餅裡。再灑上那冷藏過的二分之一杯麵粉，將麵餅對折，再對折，邊緣部份捏緊，再擀成十二英吋大小的一塊。對折兩次，再用力輾壓成餅狀。如是者三次，然後將折疊成方塊(六英吋立方)的麵塊放回冰箱，密封冷藏一小時以上。

如此這般，每隔一個多小時，把麵糰擀平、摺疊、再擀平、再摺疊，前後一共三次。其間歇時間有兩段，每段一個半小時。如果，在一個春雨綿綿的

晚上，準備在家裡把「教父」三部曲看完，正好可以用置換 CD 的時間去揉麵、擀麵。電影看完，這足足兩磅重的頂級酥皮材料也已經準備妥貼，將它分成二等分，放入凍箱保存、待用。

要做乳酪麻花的前一天，將一磅酥皮材料放入冰箱，化凍一天一夜之後，第二天上午由冰箱中取出，最少「醒」半個小時，然後把酥皮擀成二十四吋長二十吋寬的一個長方形。

量出四分之三杯細碎、新鮮的波米贊乳酪（Parmesan cheese），把一半的乳酪粉灑在酥皮上，對折兩次，再擀成同樣大小的長方形。再把另外一半乳酪灑勻，再摺疊，再次擀平。用小刀切成三分之一英吋寬，二十英吋長的長條，擰一下，首尾相接，再擰一下，成麻花狀。

烤箱預熱華氏三百五十度，將麻花放入烤盤，烘烤十五到二十分鐘。麻花散發出乳酪的香味，色澤金黃，十分誘人。出爐的麻花冷卻五分鐘以後，可以用利刀切短，客人取用更方便。

　　行家都知道，這道小吃是真正的功夫點心。其受歡迎的程度，正如「塞維亞的理髮師」序曲，歡快、明朗、流暢，在人們的記憶裡真是歷久不衰呢！日後，造訪別家餐會，便會聽到眾口交讚，製作乳酪麻花的辛勞頓時變作滿心的歡愉。

　　還有一道小吃，是在希臘學到的。朋友們到地中海國家旅行，我也常常建議大家試試這道小菜。

　　地中海沿岸盛產葡萄。美麗、鮮嫩的葡萄葉就常被利用來做 Dolmades，或者直白地叫做葡萄葉米捲（Vine leaves stuffed with rice）。這種

米捲不同於粽子，葡萄葉鮮嫩可口，是可以和餡兒一起吃的。米捲一口大小，適宜當作飯前小吃。

葡萄葉米捲 *Vine leaves stuffed with rice*

■ 作法：

餡兒的材料多半是羊肉、蕃茄、米、橄欖油、薄荷、檸檬，真正是地中海豐饒物產的大集合。一磅鮮嫩的羊肉絞碎、十六盎司義大利蕃茄一罐、一杯細長的大米、一杯上好的橄欖油、兩根小蔥（切成小小丁）、三杯切碎的薄荷葉、兩隻檸檬所榨出的檸檬汁，可以做五十個葡萄葉米捲。

五十張葡萄葉用清水沖過，我們就可以坐下來細心地製作米捲了。

除了檸檬汁以外，上述配方的各種材料都已混合均勻，放在料理檯上。

取一張葡萄葉，葉脈向上，葉柄朝向自己，取一湯匙餡兒，放置在葉端，，小心地一點點地捲向葉柄，同時把兩旁的葉子不斷捲向中央，捲成一個小小的、緊緊的小捲，到了葉柄部分，正好成了束帶，最後將葉炳尾端小心地扣進葉柄中間，米捲就很整齊、很漂亮地做成了。

把米捲整齊排列在一個平鍋裡，滴下全部檸檬汁，加水，水量幾乎沒過米捲為宜。米捲上面壓一兩隻小碟子，以免米捲變形。

開中大火，鍋中物滾沸後，改為小火，加蓋，燜煮一小時。不但肉香、葉香，薄荷與檸檬的清香都會讓主廚心境大寬，所有的辛勞都已經被拋到了九霄雲外。

米捲冷了，用作飯前小吃。如果想趁熱吃，可以搭配純淨的優酪乳（plain yogurt），一點點鹽和檸檬汁。

　　熱米捲登堂入室可以成為很棒的前菜，正如「威廉‧泰爾」序曲，
大提琴如歌的 Cantabile 上升旋律之後，英國管的瑞士牧歌（ranz de
vaches）開始觸動人們的心弦，好戲終於上場了。

善於將古拙之物變作雅緻，給客人文化上的享受，是上上
的待客之道

Tips ▪

◎製作鵝肝或者雞肝醬的時候，不喜辛辣的朋友，可以用紅甜椒粉（paprica）代替紅辣椒粉（red pepper）。這紅甜椒粉用途廣泛，調製海鮮的時候格外好用。

◎蝦捲即將上桌，如果知道食客懼怕培根的油膩，也可以將培根丟掉，只留已經入味的鮮蝦。通常這種情形不至於發生，但如果遇到比較特別的客人，面有難色的時候，上述變通之法很有效。

◎煮葡萄葉米捲的時候，切忌放太多水。水沸滾之後，切記改為小火，以免煮乾。鍋中壓在米捲之上的小碟子不可或缺，否則成品不會十分美觀。以上三個要點是製作米捲成功的三要素，主廚一定要牢牢記得。

◎臺式前菜，一味烏魚子是真正的佳餚。招待西方客人的時候，最好已知對方是美食家，真正懂得欣賞這道美味，這才對得起這烏魚子。要不然，反而是棒棒雞、麻辣黃瓜等等家常前菜比較合宜。

我的備忘小札

迷　醉

佐餐酒＆瑪薩拉酒香肉圓

　　千萬別誤會，我們要談的可不是「一醉方休」的豪氣，也不是迪斯奈卡通裡那位圓滾滾、胖嘟嘟，活像一粒熟透了的葡萄一般帶給大家快樂的酒仙。

　　酒神狄俄尼索斯（Dionysus），是宙斯大神的兒子，在神異中誕生，在印度被仙女們養育。祂發現了葡萄藤，找到了種植葡萄、釀造美酒的方法。祂離開了仙女們，漫遊世界。這位高大、英俊、渾身散發著奇異酒香的神祇在歐亞大地和海洋上廣受膜拜。

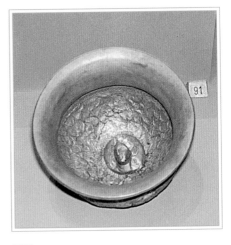

酒神

　　狄俄尼索斯的堂兄弟彭透斯，這位忒拜的國王不聽預言家的勸告，迫害追隨酒神的人們。他完全不懂，這位不使用刀劍、不懂得駕馭戰馬的溫文爾雅的青年，怎麼可能是一位偉大的神祇？

　　可憐的彭透斯大錯特錯了。酒神可以帶來歡樂，也可以輕而易舉地實施祂的懲罰。泉水般流淌的美酒使追隨者們瘋狂起來，他們撲向迫害他們的彭透斯，將他撕成碎片。參加懲罰行動的婦人當中，甚至有彭透斯的母親！醇酒使她迷醉，連自己的兒子都不認識了！

　　從此，人們見識了酒神的威力，美侖美奐的神殿矗立在山巒之巔、

海灣與河畔。人們盼望酒神帶來幸福，將悲劇與災難拋卻。酒神不負眾望，數千年來，將酒——這樣一宗妙品——千變萬化，帶給人們無盡的歡樂。

徜徉在酒神的家鄉——希臘的土地上，我們隨時可以看到祂的足跡。在Dion，在亞歷山大大帝向宙斯大神祈福的地方，有一座至今保存相當完好的酒神神殿。金髮束著葡萄藤做成的髮帶，手持纏繞了葡萄藤花環的神杖，酒神挺立在光輝之中，面含微笑。彩石鑲嵌的地板依然栩栩如生地展現著酒神的尊嚴與高貴。

希臘人，真正是受惠無窮啊！噢，這樣說還是不夠確切。更早一些，四、五千年以前，Cycladic文化期，生活在愛琴海諸島上的人群，已經用大理石雕刻出飲者的虔敬。

在聖托瑞尼（Santorini），四千年前的火山爆發引起強震，連厚重的石階都從中折斷了，繁華城池中的大型酒甕卻完好如初。據說，古代希臘人飲酒的時候，是將濃烈的葡萄酒與清冽的山泉以一比三的比例摻和在一起的。大型酒甕可以讓這個稀釋與冷卻的過程變得簡單易行。再說，酒甕是儲藏和運輸瓊漿玉液的最佳容器，所以，酒甕製造業也就大大地興盛起來。

時至今日，在南歐，「桶」仍然是酒業交易的計量單位。老百姓去店裡沽酒，也以公升作單位。酒，只不過是止渴之物，只不過是快樂之泉，不必講究包裝。再說，好酒如甘泉一般，是酒神的賞賜，並非財富和地位的象徵。現代希臘人仍然有此共識。在地中海之濱釀造雪莉酒（sherry）的木桶功用非凡。蘇格蘭著名威士忌酒廠經理每年南下西班牙，親自品嚐雪莉酒，並將那些盛裝最佳雪莉酒的木桶預訂下來，待那些酒桶

24小時營業的南歐小鎮酒店

雅典近郊的酒店內部，葡萄酒是以公升作計量單位的。

南歐隨處可見的酒桶

在五、六年之後騰空了，這才拉回蘇格蘭。木桶裡殘存的酒香正好決定了威士忌的品味和顏色，那一抹金黃恰是來自南歐的陽光！酒神的魔力真是無遠弗屆。

威士忌的釀造神秘莫測，每一桶酒各有千秋。將盛滿了酒的木桶放進遠洋輪船的底艙，酒在木桶內被海浪顛上倒下，據說可以使得威士忌品質大幅提升。至於每年蒸發掉的酒 (十二年的儲藏期可蒸發四分之一)，想來都被酒神和海神喝掉了！

因為釀造過程中不斷出現意想不到的神奇，品酒自然成為一種樂趣。倚靠的不是儀器和電腦，而是斟酒的手法和味蕾的感應，在先進科技當道的社會裡，更由日常所需上升為藝術。

威士忌不能佐餐，而必須在口感純淨的時候，專心致志，細細欣賞。如此這般，自然是小小的酒盅為佳。如果蘇格蘭人看到世上有人手

捧如此神品「牛飲」，一定傷心欲絕。所以，西方人所說的「威士忌時間」通常在下午茶與晚餐之間，或在晚餐結束之後，遠離餐桌，在書房等相對清淨之地進行。

西餐餐桌上，佐餐的酒類是葡萄酒，可分為以下三大類別：

飯前酒：

各式雞尾酒 (cocktail)、白葡萄酒 (white wine)、雪莉酒 (產地西班牙之 sherry 最佳)、香檳 (champagne) (酒類的使用並無硬性的規定，比方說，雪莉常常用於烹飪，而香檳常常搭配魚類菜餚)。

佐餐酒：

以白葡萄酒配小牛肉、羊肉、豬肉、海鮮、禽類。以紅葡萄酒搭配牛排、野味。以極清淡之紅葡萄酒和香檳搭配各種不同的菜式。啤酒清涼、解暑，在非正式的宴席上可以靈活搭配任何菜餚，以香腸類滋味最妙。

飯後酒：

可以選用類似波爾特酒的甜葡萄酒 (sweet wine, such as Port)、味濃性烈的甜酒 (liqueur)、白蘭地 (brandy)、法國科涅克地方產的白蘭地 (cognac)，通常都很討好。

飯後喜愛咖啡的食客也可以將杯中注入七分滿的熱咖啡，然後隨個人喜歡加入一些味濃的甜酒，別有風味。

上述種種設計仍然沒有辦法照顧到每一位嘉賓，世上總有一些滴酒不沾的人。他們高高掛出的「免戰牌」上赫然列著高血壓、心臟病等等必須小心對待的事由。雞尾酒會上，他們是最痛苦的一個群落，一杯

檸檬汁加冰塊舉在手上，在人群中站立數小時。別人喝到微醺，心境大好，他們卻愈喝愈冷，不待曲終人散早已兩頰發青。

我自己正是他們當中的一員，深深體會遠離酒神恩澤的千般苦狀，於是用心收集用酒作調味料的菜譜，希望藉此拉近與酒神的距離，假以時日，也就有了些許心得。

中式烹飪，善用料酒，肉嫩酒香，相得益彰。西式烹飪，調味酒甚至可能成為主旋律，使那道菜經過歲月洗禮仍然長留食客心中。最要緊的，薄酒再經烹飪，絕對「無害」於任何嬌嫩的人體臟器，多數可以得到醫生的認可。

在義大利西西里地方，出產一種瑪薩拉葡萄酒（Marsala wine），味甘而不甜，英文用dry來形容，接近雪莉酒，風格較雪莉酒濃郁。

義大利美食家善用絞肉製作各種香腸、肉丸子、肉圓、肉餅。瑪薩拉肉圓是其中的一道家常菜。

瑪薩拉酒香肉圓 *Marsala meat balls*

■作法：

在一個搪瓷大盆裡注入一杯牛奶，放進去兩片切了邊的白吐司麵包，浸泡十分鐘以後，用木勺擠壓麵包，濾出牛奶，涓滴不剩。再將麵包擠壓至粉碎，留在盆底。

將兩磅（九百克）絞碎的牛肉、兩粒攪散的雞蛋、四分之三杯新鮮的碎屑狀波米贊乳酪（三盎司，九十克左右）、六盎司（一百八十克）切成細絲的火腿、二分之一茶匙鹽、四分之一茶匙胡椒粉放進大盆裡，用木勺細細攪拌。中式

烹飪裡，將絞肉「摔打」一番的手法，在這裡非常適用。

在一隻大碗裡放進三湯匙黃油，用木勺慢慢攪動，讓黃油在室內溫度中自然軟化。細細攪入三湯匙細碎的迷迭香葉（rosemary），新鮮迷迭香最理想，如果使用瓶裝的乾燥迷迭香，份量只需要六分之一。

把已經攪拌均勻的牛肉和已經攪好的迷迭香黃油各自平均地分成十二等分。就像做元宵一般，將每一份肉搓成肉圓，在中心凹陷處填入一份迷迭香黃油，細心包好，回覆成光滑的肉圓。如此這般，重複十二次。然後，將這十二隻模樣俊俏的肉圓分別在一杯乾麵粉裡滾上一滾，抖去浮粉，輕輕壓扁成圓鼓鼓的肉餅。

在平鍋裡放進三湯匙黃油，用中火加熱。待黃油完全融化，小心地將肉餅放入平鍋，中火煎兩分鐘，翻面，再煎兩分鐘。輕輕注入二分之一杯瑪薩拉葡萄酒，在中火上續煮五分鐘。在這五分鐘之內，肉餅只要翻一次面即可。

瑪薩拉酒香肉圓

　　這道菜不等上桌就會贏得歡呼聲。撲鼻的酒香由廚房飄至餐廳,善飲的食客自然雀躍不已,不能飲酒的朋友也鬆了一口氣,他們終於等到了一個親近酒神的機會,心先醉了。

　　如果找不到 Marsala,最好的代用品是sherry。

　　有一次,在家裡舉辦晚宴。時過午夜,多數來客已經離去,只剩三、五好友還舒舒服服地窩在安樂椅上。飯後酒和摻了酒的咖啡使得話題格外浪漫、格外溫暖,遠離了歐元的暴跌以及動盪不安的希臘危局,由歌德學院舉辦的攝影展聊到紐約的鼻煙壺與明式家具拍賣。我啜著一杯維也納咖啡,漸漸忘卻了連日的辛勞,隨著在酒香與咖啡香中起伏不定的話題放鬆著自己。外子抽身去了廚房,遠遠傳來瓶子與杯子的細微聲響。我知道,他正在細心地把剩餘的佐餐酒裝進我早早備妥的小小空瓶內,貼上標籤,寫上酒品的名稱與日期,留待我用來燒菜。

　　當他手拏一瓶 Drambuie 來為朋友們添酒的時候,我悄悄問他,為我留下了什麼樣的「調味酒」,他笑答,上等白葡萄酒 Chablis。

　　啊,我想到了另一道好菜,大茴香取代了迷迭香,white wine 取代了Marsala,我似乎已經聞到了那道菜濃烈而酣暢的香味兒,忍不住向空中舉杯。

　　Cheers to Dionysus!

　　Cheers!大家不明所以,都樂呵呵地碰了杯。

美國廠商推出的「酒屋」以科學和技術控制溫度成為酒神追隨者的最愛。

Tips ▪

◎新鮮香草與乾燥的瓶裝香料不同，使用時，通常比例是六比一。例如，需用三湯匙新鮮迷迭香製作瑪薩拉肉圓，如果使用瓶裝迷迭香碎葉，只需要一又二分之一茶匙就夠了。(一湯匙＝三茶匙)

◎已開瓶之葡萄酒，佐餐之後若有剩餘，可裝入清潔的玻璃瓶內，瓶外貼一標籤，註明酒名及開瓶日期。殘酒可以留做西點或者西菜用。開瓶之後，於三個月內用罄為宜。

◎將飯後酒注入咖啡中調味，比例是百分之十到百分之三十，千萬不要超過此限，否則勢必破壞美酒與咖啡的香醇。

◎登門作客，葡萄酒已經是好禮，不必拘泥於年份與價格。至於XO之類的貴重禮品則不太合宜，它們無法突顯送禮人的品味與格調。

◎所謂「威士忌時間」，在美國，已經被晚餐前的雞尾酒時間和餐後的飯後酒時間所取代。在歐洲，還保有這種說法。晚餐後的威士忌時間，聚在書房喝酒，或是聚在吸煙室吞雲吐霧欣賞菸草的芳香者，都是男士。女客們則跟隨女主人去到一個溫馨的所在，喝茶吃點心，聊些輕鬆的話題。

派與麵包的情調

義大利 Rustica & 法國 brioche

　　在南歐人的生活情趣裡，有著許多魅力十足的點滴，令人難以忘懷。

　　鄰居一位身體健朗、衣著整齊的老人，每天一大早就會走到對街的麵包店買剛出爐的新鮮麵包。他總是分秒不差地準時到達，他也總不會空手去，或從園中剪下一枝玫瑰，或從路邊折下一枝丁香、一朵扶桑、一朵蒼蘭。踏進門去，先奉上花，連同清早的祝福。老闆娘也照例十二分歡喜，接了花，捧出新鮮麵包。老人深深吸氣，先聞了麵包香，再打開手提袋取出一小盒新鮮奶油。老闆娘揮刀切開麵包，撕下一小塊，塗上奶油，請老人品嚐這一天第一爐麵包。

　　這個時候的麵包店，滿溢麵包香、奶油香和花香。吃麵包的老人與烤麵包的老闆娘臉上那種滿足與陶醉，非常動人。

　　我在雅典住了三年，清晨這幅甜美的畫面日日出現，從無間斷，他們似乎從來不覺得厭倦。那麵包從形式到內容似乎也都沒有什麼改變，卻能夠數年如一日

每日不可或缺之物

地贏得食客的心。

　　但是，這麵包，卻不是由「麵包機」生產出來的標準產品，而是用麵粉、水、發酵粉揉合成麵糰，用雙手一遍遍揉透，放進烤箱烤出來的。它們正如手拉坯做出來的陶器，每一件都有著些微的不同。那不同顯示出手工的特色，不可能千篇一律，每一件產品都溢出了創作者的聰慧與熱情。

　　在自家廚房製作的麵粉製品，最主要的就是麵包和點心兩類。

　　派（pie），則可鹹可甜，有更多的變化，成為主廚特別要花心思的一類食品。雙層派皮，其派皮之下的謎底，則要等到切開甚至入口之後才會見真章。食客的驚喜也往往帶給主廚很大的成就感。

　　我很喜歡做一道義大利鄉間派 Rustica。私心裡，我最喜歡細細揉那派皮。從實用角度看，這道菜不但可以成為宴客時的主菜之一，它也可以在茶會上成為一道熱點心。喜愛義大利美食的朋友更會一邊品嚐一邊回憶起義大利鄉間的種種美味和趣聞，使得餐桌上的氣氛非常的甜美，非常的溫馨。

　　好的派皮，無與倫比。學會了做派皮的技藝，就可以試著做各種自己喜歡的，風味大大不同的派。

義大利 *Rustica*

■作法：

在一隻小盆裡打進三枚雞蛋，加兩湯匙植物油和兩湯匙水，攪拌之後，用力

打，最好看到蛋黃色的泡沫，需時兩分鐘左右。

在一隻大盆裡篩入兩杯普通的麵粉、一茶匙發酵粉 baking powder、二分之一茶匙鹽，攪拌均勻之後在中心處弄個小洞，把小盆裡的蛋、油、水混合物徐徐注入小洞裡，用筷子攪拌。

麵粉成團以後，在麵板上薄薄灑上一層麵粉，把麵糰放在麵板上，再把合麵盆倒扣在麵糰上，讓它休息十分鐘。北方人喜歡吃麵食，做饅頭、包子都有那麼一個讓麵糰「醒」一「醒」的時間，道理是一樣的。

時間到了，用手細細揉幾遍，直到麵糰光滑為止，一般來說三分鐘就夠了。我喜歡揉至感覺得到麵糰的彈性，這就需要四、五分鐘，才能達到最理想的程度。把揉好的麵糰放回合麵盆，用蠟紙（waxed paper）封好，放進冰箱裡，讓派皮慢慢「醒」著。

煮六粒雞蛋，放涼，去殼，備用。

在平鍋裡放一湯匙沙拉油，用中小火煎半磅香腸。這香腸最好有些甜味，臺灣各式香腸極為可口，可以選擇自己喜歡的。如果想選擇西式香腸，義大利甜香腸（Italian sweet sausage）可以入選。香腸煎黃之後，切成薄片。

取一隻大盆，用筷子飛快地將三粒雞蛋打到起泡，加進三杯瑞可達乳酪（ricotta cheese，這種起司通常是塊狀的，頗為堅硬，需要用一個鐵擦子將它擦至粉碎，做這道菜，一磅的份量就足夠了，擦起司卻需要二十分鐘。如果買得到粉末狀的，那是最好了），二分之一磅瑪札瑞拉起司（mozzarella cheese），四分之一杯波米贊起司（以上兩種起司都容易買到粉末狀的，剪開包裝就可以直接使用，為主廚省下時間，頗為經濟）。

把四分之一磅火腿切成一公分長短的細絲，倒進混合了雞蛋和三種起司的盆中。將已經切成薄片的香腸也加入進來。再加進四分之一杯香菜末、八分之

一茶匙黑胡椒粉。用一把堅固的木勺徹底攪拌這一大盆蛋汁、起司、香腸、火腿、香菜、黑胡椒。攪拌起司很需要一點力氣，主廚如果是女生，最好請男友參加，用力把這盆香噴噴的餡攪拌均勻。

在男朋友忙著出力的時候，可以把派皮從冰箱裡拿出來了，揭開蠟紙，主廚會發現麵糰似乎更加光滑了，那是冰箱的低溫幫了忙。將麵糰一分為二，在薄施麵粉的麵板上，揉好，擀成兩個相同的圓，十三英吋直徑為宜。

取一隻十英吋直徑的派盤，以瓷盤為最佳選擇，因為這種派最好趁熱吃，瓷盤漂亮，方便直接上桌。

在派盤上薄薄塗一層黃油（butter），鋪上一層派皮，完全覆蓋派盤的盤底與邊緣。將一部分攪拌均勻的餡放入派盤，把六個水煮蛋嵌入餡裡，一個在中心，五個圍成圓，再用剩餘的餡，填滿蛋與蛋、蛋與派盤邊緣的空隙，蛋上面也可以覆蓋薄薄一層餡。水煮蛋使得整個派非常的飽滿、平整，上桌切開的時候更加美觀。

餡料全部安頓妥當之後，我們來覆蓋上皮。在邊緣部份將上下兩皮捏緊，捏出花邊更好。皮子如果有得多，可以用模具切成花瓣、葉子的形狀，「貼」在派的表面。不要忘記，在派的中心部位，放射狀地切上三、五刀，以便蒸氣外溢。

烤箱預熱華氏四百度。

在烤箱預熱期間，對派作最後一番修飾。將一個蛋黃用一湯匙水打散，用小刷子刷到派皮上。這樣烤出來的派有一抹溫暖的金黃色，格外好看。

派進了烤箱，四十分鐘後上桌。

派皮下面的懸疑永遠引人遐思

　　麵包則不同，沒有懸疑，只有實實在在。好朋友來訪，只要頭一天晚上沒有太緊要的事情，我一定自己動手烤個麵包，烤麵包的當兒，似乎是把自己對朋友的情誼都揉了進去。

　　麵包種類很多，我最心儀的，是法國人最常烤的 brioche。這種麵包相當結實，哪怕沒有菜，嚼起來也非常的有味道，讓人想到夕陽下，溫暖、敞亮的紅磚巷道，店鋪主人親切的笑臉，鄰居間熱切的寒暄。

　　做這種麵包需要一個花盆形，底部直徑四英吋，上口直徑八英吋，深四英吋的烤盤。這種烤盤在法國已經流行了好幾個世紀，在美國也隨處可見。當然，其他形狀的烤盤也可以使用，但是，如果深度不夠，烘烤的時間必須縮短，縮短多少才合宜，要實際演練過才能確切知道。

　　做這種麵包還必須記得要提前一天開始製作，麵糰需要整整一夜才「醒」得過來！

　　晚飯過後，我們就可以開始動手了。

法國 *brioche*

■作法：

在一個比較深的大盆裡用三分之一杯溫水沖泡一包活酵母（active dry yeast）。水溫不可過低或過高，以滴在手心裡不燙、不涼，暖暖的為宜。（在超級市場裡，酵母常常三包連在一起賣，買回家以後還是要放在冰箱裡，酵母才能保持生命力。）

當酵母完全溶於水之後，加入三湯匙糖，一又四分之一茶匙鹽。當糖和鹽也全部溶化之後，加入三分之二杯已經在爐火上融化的黃油（butter）、四個雞蛋、兩杯麵粉。用木勺攪拌之後，再用電動打蛋器（mixer）以中等速度打四分鐘，然後把盆邊的麵糊小心地用塑膠小鏟刮到盆中，再攪拌均勻。然後，再加一杯麵粉，充分攪拌，用電動打蛋器以慢速打一分鐘。到了這個時候，麵糰已經非常柔軟，安安靜靜地待在盆底。用一塊乾淨的廚房毛巾蓋住麵盆，放在廚房料理檯上不冷不熱的地方（千萬別靠近爐口），讓麵糰小睡片刻——兩小時。

再看那麵糰，體積已經增大了一倍！用塑膠小鏟幫它翻一個身，再用蠟紙把盆封嚴，廚房毛巾沾濕搭在蠟紙上，放入冰箱，讓它大睡一夜。

忙到此時，主廚也該上床了。

第二天一早，用黃油將一個 brioche 烤盤內側細細地塗抹一番，邊邊角角都不要放過。再把那冷冰冰的麵糰取出來揉搓一番，切下八分之一待用。將大麵糰揉成一個光滑的球，放進烤盤。將那一小塊麵糰揉成一個小小的、扁扁的圓，放在大麵糰上，用掌心輕壓，讓這小麵糰嵌進大麵糰一點點。這時候，

整個麵糰只佔烤盤容積的一半。用一條乾燥的廚房毛巾將烤盤整個蓋起來，讓麵糰徹底「醒」來，需要兩個小時。

預熱烤箱華氏三百七十五度。在一個小碗裡放進一隻蛋黃和兩茶匙水，用筷子打散，用一把小刷子把蛋黃汁刷在麵包上。小心！儘量不要讓蛋黃汁流進麵糰和烤盤之間，免得麵包「脫不了身」。

這時候的麵糰「長高了」，差不多高出烤盤了。

放進烤箱，烤二十分鐘之後，用鋁箔紙鬆鬆地包住，再烤四十分鐘。

復活節的麵包嵌了紅蛋，分外喜人

　　廚房，已經像一個法國麵包店一樣飄起了濃濃的甜香，黃油和雞蛋讓那麵包的口感更加豐富，更有韻味。

　　麵包出爐以後，千萬不要忙著把它從烤盤裡倒出來，就讓它舒舒服服地呆在料理檯上陪我們準備別的菜餚。一個小時以後，麵包溫度降

低，按照熱漲冷縮的原理，已然自行擺脫了烤盤的束縛。我們只要把烤盤翻一個身，麵包就輕鬆自在地脫身出來，放在盤中，美麗、誘人。

現在，我們終於可以坐下來欣賞它的實在與美味了，如此結實、如此耐咀嚼、如此香甜，好一個別有特色的麵包。

Tips ▪

◎興致好的時候，多做一些派皮，擀成圓形，用蠟紙隔開放進凍箱。需要的時候，取出來，在室溫下自然解凍一小時，便可以恢復柔韌。派皮的邊緣如果有乾裂，用手指沾一點水，稍加修整就可以恢復美觀。

◎溶化酵母必須掌握水溫，以攝氏三十六度到三十七度為最佳。太冷，發酵時間則過長；太熱，酵母被燙壞，不再發酵。

◎一個 brioche 麵包可供八位食客分享，一次如果吃不完，用保鮮膜包好，放入冰箱，一週之內不會變質，也不會變硬。

在義大利也吃不到的古典義式蔬菜

纖絲沙拉＆義式豆蔬

　　世界各國各民族的菜餚各有其特色，能和中式烹調媲美的，尤推法國菜和義大利菜。在美國出版發行的大量美食書籍中，法式和義式菜餚也佔著很重要的位置。

　　在我的宴客經驗裡，吃麵包黃油長大的西方人和習慣米飯麵條的東方人都比較容易喜歡義大利美食。義大利菜和中國菜有個共同點，都相當重視食物的原味。學做義大利菜可以由淺入深，一步步來。兩道極簡單的蔬菜做法可以先試一試，吃出興味來，再來試其他的不遲。再說，這兩道菜各有特色，很多朋友百吃不厭。邀請函收到以後，有的朋友還會專門打電話來問，餐桌上會不會有其中的一道，可見不知多久前吃過的，滋味還留在心裡，念念不忘哩！

　　頭一道是風味絕佳的沙拉，是一道涼菜。現如今，無論是在世界什麼地方，端上桌的沙拉多半是大片的綠葉，加上黃瓜、蕃茄之類，大條大塊，東方人總覺得那種食物比較像是兔子會喜歡的。澆上去的醬汁通常只是大略分成比較清爽的義式、粉紅色的俄式、加了大量乳酪的法式或者日本風的「千島」。這樣的沙拉，不會帶給味蕾半點靈感。我們吃它，多半是為了「吃出健康」。

　　生菜如何能夠入味？唯一的解答是菜絲切得細，醬汁濃淡合宜，再加上浸泡的時間比較久一點。

纖絲沙拉 *Coleslaw with tomatoes*

■作法：

做這道菜，我選用一顆緊緊的包心菜，兩隻最富維他命C的青椒，兩個圓圓胖胖的洋蔥。分別洗淨、切成細絲（洋蔥切薄片，自然成絲）。取一隻玻璃的沙拉盆，將一些包心菜絲鋪進去，撒一層洋蔥絲，再撒一層青椒絲。然後再同樣一層層重複，最後用餘下的包心菜絲「封頂」。這樣，原味完全不同的三種生菜會在等待上桌的數小時內各自「取長補短」。

生菜準備好以後，用一杯細白糖從上面徐徐灑下，盡量使白糖從包心菜絲之間漏下去，不造成堆積。白糖可以長時間保持生菜的爽脆。如果來客中有糖尿病患者或正在努力減輕體重的朋友，我會在當日的菜餚中，用「代糖」取代白糖。代糖有許多種，只是要小心地換算份量。比方說，一小包Equal相當於兩茶匙白糖，一杯白糖則需要二十四小包 Equal 才能取代，當然不夠方便。有一種代糖叫作「一勺滿」（Spoon full），不必計量，需要一茶匙糖，用一茶匙一勺滿即可。近來，由糖裡面提煉出來的 Splenda 頗為流行。此物不但不需要計量，而且完全沒有熱量（no calorie），無論是做菜還是烘烤甜點，許多主廚已經完全不用糖，而是用Splenda 代替。當然，這「代糖」的滋味也確實和蔗糖一樣好，不會影響到餐點的口感。這是最要緊的！

準備一隻小鋼精鍋，準備一茶匙乾芥茉粉、兩茶匙白糖或代糖、一茶匙芹菜籽、一湯匙鹽、一杯白醋（足足八盎司）、四分之三杯橄欖油。（如果買不到橄欖油，可以用葵花籽油、花生油等蔬菜油代替。不過，純淨的橄欖油是食用油裡最少惡性膽固醇的健康食用油。烹調用橄欖油不僅在餐桌上留下了地

中海風情，更可以讓家人與來客吃得放心。）

將這許多佐料統統放進小鍋裡，用一把木勺攪拌均勻，開中火，不停攪動，使得芹菜籽浮游其中而不是沾在鍋底。鍋內的汁沸滾後，馬上熄火，把鍋中滾燙的醬汁徐徐倒進已經準備好的生菜盆中，不要翻動。用保鮮膜將生菜盆密密封好，放進冰箱。四小時之後便可以食用。

纖絲沙拉

　　我請客的時候，通常先準備這道生菜。生菜進了冰箱，就可以集中精神準備下面的菜餚。

　　此時此刻，廚房裡瀰漫著濃濃的清香，那香味是芹菜籽在沸油中散發出來的，通常會壓過白醋的酸味。我的家人聞到了這股香味常常會自動摸進廚房來，要求幫忙。那時候，我大概會開心地指揮他們鋪桌布、擺杯盤，或是請他們去選一張心愛的CD，讓大家都輕鬆愉快起來。

　　生菜上桌之前需要用木勺徹底翻動幾次，使得每一片生菜都沾上醬

汁。

將洗淨待用的櫻桃大小的「袖珍」蕃茄對半切開，嵌在生菜的表面，鮮豔奪目。蕃茄絕對要在上桌前一分鐘才進入生菜盆，否則，生菜會太酸。但是，天下就有那喜歡果酸的人，所以我會將剩餘的小蕃茄整個兒的盛裝在一個美麗的水晶小碗裡，放在生菜盆的旁邊，請客人隨意取用。

這道沙拉非同小可，來自古老的義大利菜譜。今天義大利餐館的大廚，哪怕他們身處羅馬或者米蘭，都不會花時間去做這道菜。我們如果在威尼斯一家很棒的餐廳點一道生菜沙拉，那英俊瀟灑的服務生必定是在大塊生菜上淋些許醬汁就給我們端上來了。

所以啊，當我們將這一盆生菜端上桌的時候，紅、白、綠三色生菜在透明的器皿中散發著誘人的香味。入口之後，人人笑逐顏開，這是可以預見的效果。常在國外旅行的朋友還會盛讚，這是在義大利也吃不到的古典義式沙拉。更多的客人在驚喜之餘，會悄悄請求得到一份菜譜。最要緊的，端出這道菜，充分展示了主人待客的誠意，大家會念念不忘。

這道生菜沙拉也有爽口的妙用，給每位客人一個盛裝沙拉的水晶小盤，前菜結束時，不要收走。在幾道菜之間，有經驗的客人會再取一點生菜入口，如此這般，味重的菜餚就不至於影響味蕾的正常工作。上甜點之前，再將客人的餐盤和沙拉盤同時撤下就可以了。「急就章」的大塊生菜絕計不能擔負這樣的重責大任。這也是我常常用這道菜宴客的一個重要原因。

如果，我們費時費力做這道菜只是為了犒勞我們自己和親愛的家

人，可能會有少許剩餘，千萬不要丟棄。這「剩菜」入了味，可是比頭一天還要好吃呢！

　　另一道蔬菜是我的「私房菜」，成熟於自家廚房，百試不爽。這是一道熱菜，我說它是「義式」，因為所用佐料確是義式無疑。

義式豆蔬 *Italian-style green beans*

■作法：

在菜市場買一磅新鮮的嫩四季豆，掐頭去尾，折成寸多長的小段，洗淨之後放進一個中等大小的鋼精鍋，加清水至淹沒豆莢即可。開中火。

取一袋義式沙拉醬佐料包 (Salad dressing mix)，這種佐料包在今天的大小超級市場都可以找到，通常是四袋一盒，上書 Italian 4-pack，是 Good Seasons 公司的產品。這家公司與時俱進，以確保顧客健康為職志，我們可以放心食用。

將佐料包的袋口剪開，均勻灑進正在沸煮的豆莢鍋內。請主廚放輕鬆，鍋中物不必沸滾得太厲害，有小泡冒出就好。

喜歡口味格外濃郁的朋友可以適量在鍋內加一點點鹽，一點點白胡椒粉。喜愛南歐菜的朋友可以加一點奧瑞岡，尤其是希臘產的 Oregano Greek，最有味道。

義式豆蔬

在豆莢煮軟的過程中，鍋內佐料散發出的香味自然會引得來客食指大動。我的兒子一向拒絕吃青菜，只對這一道煮豆莢情有獨鍾，每每吃得不亦樂乎。

如果使用西餐餐具，這道菜上桌的時候，最好用一隻橢圓形深盤來盛裝。此類深盤在西餐桌上通常用來盛裝已經煮熟的蔬菜。我一向喜歡選用 Lenox 象牙色餐具，邊緣鑲銀，典雅、秀氣，容易搭配冷色調或者暖色調的桌布和餐巾。菜餚盛放其中，菜色突出，餐具只作陪襯，是為上選。

這道菜有幾個特點。

臨時要加菜，如果手邊沒有新鮮四季豆，可以用冰凍的。只是要記得少加水，因為冰凍青菜加熱的時候會出水。此外，使用冰凍豆莢，一定要加一點鹽，豆子濾去水分上桌的時候，才能與新鮮豆莢媲美。

在家裡宴客，常有要好的女友挽起袖子來廚房幫忙。主廚大可給她們一小籃四季豆，大家一邊收拾豆莢一邊聊天，廚房的氣氛更加和樂。如果有人樂意在爐臺邊助陣，也可以交給她一把木勺，請她慢慢翻動鍋內的豆莢。沒有油煙，只有香氣撲鼻，豈不是大好？

最要緊的，這道菜完全不用油，真正是吃得健康，老少咸宜。這道菜熱騰騰上桌，客人們放心大嚼，絕對有助於餐桌上的溫馨氣氛，這也是我常在食品櫃裡儲存幾盒佐料包，隨時可以捧出這道菜的主要原因。

以上兩道菜，生菜味道濃郁，熱菜清淡可口，都是經過大小陣仗，深受食客喜愛的。更何況，作法簡便，拿來當作義式美食的入門菜式，剛剛好。

Tips ▪

◎義式沙拉裡面的洋蔥，紫皮為上選。如果不習慣生洋蔥強烈的氣味，只用一個小洋蔥也可以。如果完全不能忍受洋蔥，換成普通的小蔥，將蔥白與嫩綠的部分切絲，也是一個不錯的辦法。

◎西菜食譜中，計量單位「杯」，使用於液體的水、油、酒、醋之類的計量。一杯等於八盎司等於二百四十毫升（1cup=8oz=240cc）。

◎正在忙著健身的朋友不願高卡路里的沙拉醬汁和生菜呆在一起的時間過長，可以使用下面的設計，吃得可口而健康。一袋義式沙拉醬佐料包加四分之一杯白醋再加兩湯匙(30cc)水 再加二分之一杯植物油再加猛搖一番等於最棒的沙拉醬，隨意調理任何一種綠葉沙拉，效果都不錯。事實上，這便是義式沙拉醬佐料包的傳統用法。

◎正文中，這道冷的纖絲沙拉，份量是八人份，當天吃不完，密封置於冰箱內，第二天味道更佳。千萬記得，絕對不要將蕃茄留在沙拉裡，免得沙拉變得太酸。

冰涼滑潤的西式冷湯

蒔蘿冷湯 & 炭烤

那一天，人在紐約。早晨九點二十分，已經站在大都會博物館的高臺階上。短短一週的逗留，我把兩個上午給了大都會。自九點三十分踏進大門起，眼睛和腦袋就像一架開足馬力的吸塵器，來不及消化地先一口吞進去。

盼望已久的 Louis Comfort Tiffany 特展，使我腳步沉重，顏色與線條以 Tiffany 獨特的方式觸動人的心弦。好不容易，自那有魔力的磁場中掙脫出來，循著走熟了的路線，來到了「印象派」那一翼。

莫內生前最後那一幅「荷」竟然是深邃的紫色，只有花莖在月光下泛出銀白。這是一幅新的收藏，闊別大都會整整一年，這是我們第一次見面。

三個鐘頭下來，無論心中如何不捨，還是步履蹣跚地走出大門。暑熱撲面而來。紐約上東城的街道乾淨、整齊地從高臺階下面鋪展開去，眼前模模糊糊，熱與餓與累同時襲來，有點招架不住了。

心裡明白，這一帶好飯館多著。稍稍忍耐一下，很快就會有好東西吃了。

一陣炭烤的焦香徐徐飄過，精神為之一振，抬眼望去，面前竟是 Demarchelier，一家有著好聲名的法國館子。法國人也做炭烤了！忍不住想探個究竟，便走了進去。

想來是地中海的驕陽在我的臉上、手臂上留下了印記，在博物館大

肆進補又明顯地罩上了一層疲憊。再有，自然是熱。閱人無數、經驗老到、身著筆挺黑西裝、佩戴黑領結的侍應生慇勤打開菜單，輕聲細語扼要介紹：

「今天，我們有冷湯。」

這一句話如同天籟，真正非同小可，只覺得暑熱已經遠去，心裡的焦躁靜靜平息，味蕾開始積極作準備，準備著從苦澀與麻木中掙脫出來，決意好好享受一番。

選了一道黃瓜和優酪乳做成的濃湯之後，我點了炭烤小香腸，「配米飯，好吧？」侍應生獻計。

在中式烹調裡，湯總是冒著熱氣的，冷湯有殘羹之嫌。但是，湯，真的是熱的好嗎？那可不一定。火熱的夏日空氣中，喉頭冒煙的時分，我常思念西式冷湯，冰涼、滑潤、口感足、降心火。

湯來了，青玉般的一盞湯，中央小小一座優酪乳堆成的小丘，還用一枝蒔蘿（dill）作裝飾。

炭烤的焦香更是誘人，八根小香腸排成一個「米」字，先就緩解了飢腸轆轆帶來的痛苦。咦？香腸下面的米飯竟然是貨真價實的中式炒飯嘛，晶瑩閃亮。

「我們吸納一切佳餚的設計良方，只求搭配得盡善盡美。」侍應生如是説。

湯的基本材料是清爽的雞湯，先在營養方面站住了腳。數量並不太多的炒飯加上味道鮮美的炭烤又補足了氣力，當我愉快地付了賬步出餐廳的時候，驕陽已不再烤人，我可以底氣十足地奔向下一個目標了。

冷湯是解暑的好湯，製作起來並不難，我們在自家廚房也可以做得

和 Demarchelier 一樣出色。

室內「炭」烤小香腸佐以中式炒飯

蒔蘿冷湯 *Cucumber & yogurt soup*

■作法：

在菜市場選擇一條大黃瓜或者四條小黃瓜，去頭尾，洗淨，切成薄片，再切成小丁。取一隻深鍋，用中火燒熱，注入一湯匙的橄欖油，油熱之後加入一隻切成小粒的洋蔥。洋蔥炒軟之後，加入小丁狀的黃瓜、兩杯熱高湯(未加鹽之雞湯為最佳)、兩茶匙碎末狀之檸檬皮、兩湯匙檸檬汁。最後加入新鮮的蒔蘿，切碎的蒔蘿以一湯匙的量為好。買不到新鮮蒔蘿的時候，可以使用瓶裝的乾燥 dill。在超級市場的香料部門，還可以買到瓶裝的 lemon & dill，就是檸檬皮與蒔蘿的混合材料，做這道湯就更方便了。

這隻深鍋裡的材料滾沸之時，我們可以聞到蒔蘿濃濃的香味，而檸檬，從一開始就讓那一鍋的濃香透出了一絲絲的清涼。

把火頭轉小，加蓋，用小火燉煮半個小時。

我們可以用這半小時從容準備下一步。如果有一架食品處理機，我們就在機頭上裝置金屬刀片。如果家裡只有電動打蛋器，那也無妨，只要裝上螺旋形刀片就可以了。如果只有一架綜合果汁機，也一樣可以把這道湯做得很好。

把已經燉好的蒔蘿黃瓜用我們手邊所有的任何一種器具打成糊狀，只有黃瓜皮在粉碎後仍然會呈現絲絲的鮮綠色，其他部分都呈溫潤的淡綠色，非常美麗。

待這盆綠色的糊自然冷卻到室溫的時候，輕輕攪入一小盒(兩百克裝)不加任何果料、糖分的純淨優酪乳(低脂，甚至脂肪含量是0%，也很好)，攪拌到非常均勻，使整個湯糊的色澤更加淡雅。

將這妙品用保鮮膜嚴封，放入冰箱，留待任何時間享用。

冷湯，以蒔蘿作裝飾

炒飯並沒有大奧妙，和炭烤相搭配的時候，以清淡為上。白飯只加少許豌豆，少許切成細絲的火腿，出鍋前撒上一點點上好的醬油使之入味即可。

重點在炭烤上。

世間所有的烹調專書都不停地告誡我們：炭烤 (grill) 成功的不二法門是慢工出細活，千萬不能急，慢慢來，功到自然成。

然而，世間男女最缺少的東西恐怕就是時間了。

時間緊迫，住在臺北市或者其他人煙稠密的大都會，庭園多半只在夢中出現，陽臺也狹小得只能放下兩張藤椅，在戶外烤肉便不是很方便的事情。我們更不可能像美國印地安人那樣選擇山胡桃木削成木條 (hickory chips)，在這種木條燃成的炭火上燻出世間最美味的炭烤。我們可以做的，是跑到百貨公司的廚具部門去買一隻用作室內燒烤的小鍋。此類小鍋鍋底有小丘形長條突起，可在肉品上烙下印記，首先在視覺上讓食客有了「炭烤」的意味。此類小鍋的邊緣有一至兩個「出油口」，肉品的脂肪在炙烤中被清除出去，有利於食客的健康。在使用此類小鍋的時候，用中火加熱，刷上一層橄欖油，烤出來的肉品柔嫩而多汁。

工具有了，再來是選擇肉品，剩下的重點是烤肉醬。市場上出售的烤肉醬常常含有防腐劑、太多的鹽，甚至味精。我通常自製烤肉醬，有紅、白兩種，紅的用來烤牛肉、排骨之類，白的則用來燒烤海鮮和家禽。

炭烤醬 *Grilling sauce*

■作法：

紅色烤肉醬：在一隻小鍋內用小火融化三湯匙黃油 (butter)，換至中火，加入三湯匙麵粉，充分攪拌。再改成小火，使得黃油麵糊真正融合，兩三分鐘即可。加入熱高湯一又二分之一杯，充分攪拌，使得鍋中物黏稠。最後加入半茶匙百里香 (thyme)、半茶匙香菜、以及四分之一茶匙鹽、四分之一茶匙黑胡椒粉。香料全部使用乾燥的瓶裝香料就好。香菜可以選擇東方的cilantro，或者西方的parsley，各有特色。

白色烤肉醬：小鍋內融化六湯匙黃油，將小鍋移下火頭，篩入六湯匙麵粉，充分攪拌均勻以後再移上小火，數分鐘後徐徐注入一杯雞湯，在小火上慢慢攪動，直到黏稠為止。再加入一杯 (八盎司 240cc) 鮮奶油 (heavy cream)，拌勻以後，加入一湯匙雪莉酒 (sherry) 或者一湯匙不甜的白葡萄酒 (dry white wine)。最後加入的是一茶匙白胡椒粉。

使用紅色烤肉醬的時候，我們可以直接將肉品放入其中，醃上個把鐘頭再來燒烤，也可以用小刷子刷在肉品上再烤，也可以邊刷邊烤。手法不同，肉品味道的濃郁程度也會有所不同。

白色烤肉醬，則以將醬汁直接澆灑到已經烤好的肉品上為佳。

肉品不同，醬汁不同，入味的方法和步驟也有所不同，滋味自然不一樣。我們可以慢慢揣摩，尋找到最適合自己口味的作法。無論如何，與戶外炭烤的整個過程相比較，室內燒烤還是簡便得多。

　　好了，我們從火炭般的戶外回到了家，無論工作多麼不順利，好友怎樣出其不意地讓我們傷了心，股票行情又是怎樣地翻雲覆雨……。

　　打開冰箱，取出早已備好的湯、一罐烤肉醬和一塊肉（牛、豬、魚或雞），或者香腸兩三根，啊，還有昨晚吃剩的一碗冷飯。

　　香腸和肉已經在爐火上滋滋作響的時分，我們從容不迫地在清香撲鼻的那一盞冷湯裡加入一大匙優酪乳，高興的話，還可以剪幾絲蒔蘿增加美感。簡簡單單炒個飯。肉香湯美，我們心平氣和。

　　將戶外的暑熱和無數的不順心拋開去，好好照顧一下自己。待一會兒，再去衝鋒陷陣不遲。

Tips ▪

◎鹽是世界上最重要的調味品，應用得當，方能起到提味的妙用。東西方美食界對此都有精到的研究。在旅遊期間，不妨尋覓一些好用的鹽，比方說，日本的燒魚鹽、加了香料的普羅旺斯灰鹽、粉紅色的喜馬拉雅鹽。各有獨特的風味，值得我們揣摩、試練。

◎西菜冷湯中的鹽份，是在燉煮高湯的時候已經加入了的，而不是在製作冷湯的時候將鹽直接灑入湯料。如是，鹽就不至於沖散食材的原味。

◎中式炒飯和西菜搭配的時候，以清淡為上。炒飯裡加入雞蛋、火腿丁、豌豆、一點點干貝絲……，已經十分豐富了。鹽，最好是炒蛋的時候添加，不要灑在炒飯裡，更不可加添味精。在已然炒香的飯裡滴幾滴香菇醬油之類的調味品也很不錯。

◎炭烤小鍋一定要預先加熱，鍋熱之後再刷油。如此這般，曲終人散之後的清潔工作便會輕鬆許多。

百草定乾坤

西班牙牛肉麵＆法式鮭魚

　　中式料理和西餐之間的差異與餐具並沒有直接的關聯。用筷子來吃法式烹調，不會覺得是在吃中國菜，用刀叉來分食一條糖醋鯉魚也絕非正在享用西餐。

　　究竟在東西方飲食文化之間，是誰擔任了扭轉乾坤的重責大任，使得東方與西方在餐桌上壁壘分明？我想，那最最重要的腳色就是香料（herbs）──食用植物調味香料，真正是百草定乾坤。

　　中式料理的 herbs 包括蔥、薑、大蒜、芫荽、八角、花椒等等。西式料理除了上述大將之外，墨角蘭、荷蘭芹、蒔蘿、奧瑞岡、羅勒、迷迭香、鼠尾草、百里香、塔拉岡、番紅花等等都是不可或缺的重要角色。這些奇異的香草在關鍵時刻與其盟軍白蘭地、黃油、葡萄酒、果醋、橄欖油聯手，食物的色、香、味大變，成為道地的西方菜餚。

　　就拿一道「牛肉麵」來說，我們人人會煮。如果想精益求精，更可以參照傅培梅女士

荷蘭芹（Parsley），別名洋香菜

的食譜。但是，稍加變化之後，這道本來頗為普通的牛肉麵就可能變成一道十足西班牙風味的菜餚。

西班牙牛肉麵 *Spanish-style beef and noodles*

■作法：

買一斤牛肉，肩肉就好，洗乾淨，用紙巾拍乾水分，切成半吋大小的方塊。在一隻大碗裡放進兩湯匙普通麵粉、一茶匙鹽、八分之一茶匙黑胡椒粉，拌勻。把牛肉塊放進大碗裡，滾動一番，讓牛肉塊沾上一層薄薄的「粉衣」。

在一隻有蓋的大平鍋裡放進兩湯匙黃油，用中大火加熱。黃油融化之後，將牛肉塊平鋪鍋底，細心地把每一塊牛肉的六個面煎黃（最好的工具是一雙長長的竹筷）。牛肉煎好了，在鍋裡加兩杯水（五百毫升），蓋上鍋蓋，改用小火，燜煮一小時。

那一小時裡，我們不能閒著，得手腳勤快地將一隻中等身材的洋蔥切片，再把五、六根粗壯的洋芹菜切成丁。如果喜歡苗條、細嫩的中國芹菜，就得多準備幾根，全部切成半杯或四分之三杯的芹菜丁。有的朋友不愛吃牛肉，覺得牛肉「羶」，可以切半杯胡蘿蔔片待用。喜愛牛肉的朋友可以省掉這道工序。另外，就是要煮麵了，寬條麵半斤，煮熟，用熱水濾過，待用。

一小時已到，鍋裡的牛肉噴香，揭開鍋蓋，加入洋蔥（胡蘿蔔）、芹菜和麵，蓋上鍋蓋，再燜二十分鐘。

這二十分鐘，可以剝些新鮮豌豆，用小鍋略煮一下。冰凍豌豆也沒有什麼不好，同時加熱豌豆和冷水；水開了，豆兒正好鮮嫩、可口，濾乾水分，待用。

二十分鐘一到，揭開鍋蓋，灑進碗豆和四分之一茶匙的 Greek seasoning，猛然間，鍋內飄出奇異的香氣，湯汁已經收乾，肉嫩、麵滑，豌豆和芹菜妝點出絲絲新綠，可以上桌了。

西班牙牛肉麵

細察這 Greek seasoning 的內容，包括百里香、希臘奧瑞岡、黑胡椒、洋蔥、檸檬皮。希臘人製作肉食的時候，把這一劑妙品放在醃料裡。做沙拉的時候，也用它來製作沙拉醬。義大利人和西班牙人直接把它灑進正在烹煮的蔬菜和肉類裡。這道地中海風味的「牛肉麵」是西班牙美食主義者的智慧結晶，在西班牙美食傳承中歷久不衰。

如此這般，一款中國北方的尋常麵食，就在黃油、百里香、奧瑞岡、檸檬皮的催化作用下，成了地中海居民的最愛，再遠渡重洋，來到地球的另一面，堂而皇之登上北美食客的餐桌，在彩色精印的高級食譜

上佔了一頁。聰明的美國食譜作家把那四分之一茶匙的關鍵角色寫成 allspice，還加了括弧（optional），表示可有可無的「隨意」，不但給了主廚充分的選擇，也在不經意間剝奪了古希臘人的發明權。

翻撿地中海沿岸居民嚐了百草之後寫下的無數經驗談，我愛上了這味希臘調味聖品。美國和歐洲的重要調味品公司仍然恭而敬之地將希臘先民的創造力呈現出來，這位廚房良伴的名字仍然叫做 Greek seasoning，古意盎然。

日程不是太緊張的時候，我非常喜歡自製 allspice，也就是從廚房窗檯的小小盆栽裡選擇當天需要的幾片嫩葉。用來裝飾甜點的薄荷、調製肉品的百里香、蒔蘿、迷迭香、奧瑞岡都可以種植在小小陶盆之中，隨時取用。

野生迷迭香曾經圍繞著地中海熱情奔放地盛開成一個巨大而美麗的花環，小小的粉白色的花朵點綴著長長的海岸。人們發現了它，稱它

迷迭香（rosemary）

為 dews of the sea，覺得它晶瑩若晨露。古希臘人喜愛這整株植物的香氣，少女們用它來泡水，浸潤長髮。經過迷迭香潤絲的頭髮柔軟、閃亮、迷人，飄散著清香。人們將乾燥的迷迭香盛裝在瓶子裡，壓碎裝在紙袋裡，成為天然的空氣芳香劑，已經有數千年歷史。之後，人們

發現迷迭香的葉子可以用來調味，不僅香氣濃郁，而且與海鹽搭配能夠讓海產與肉品更加可口。

我家向陽的廚房窗臺上放置著釉色深綠的陶盆，迷迭香生氣勃勃高踞其上，採摘調味品自然是方便的。內心裡，更喜歡這植物的花兒，更喜歡它的香味。那清香絲絲縷縷的，有緩解緊張、治療頭痛的功效。最要緊的，這株香草讓我在廚房的忙碌變得更有情調。

訪客不經意地走進我的廚房，瓶裝罐盛的調味品常常成為有趣的話題。窗臺上的迷迭香往往讓那正在口若懸河的客人一下子打住了話頭，人人深呼吸，臉上露出了陶醉的表情。我與迷迭香相互對視一眼，喜不自勝。

做西菜，迷迭香用途廣泛。我們來簡單舉個例子。

如果，這一天心情不錯，想到煎幾片鮭魚來宴客，或者與家人分享，可以試試一種新的烹調法。鮭魚沒有小刺，做法可以相當簡便。現代人時間寶貴，鮭魚常常是很不錯的選擇。

法式鮭魚 *French-style salmon*

■作法：

洗乾淨的鮭魚，拍乾水分，用鹽和現磨胡椒稍微醃一下，用油鍋煎到兩面金黃，就可以上桌了。佐以蔥、薑絲，更為可口。家庭中式料理，常用這個法子。

我通常會盡量避免爐臺上四個火口同時作業，儘可能多多利用烤箱。

在烤盤上鋪一層鋁箔紙，在紙上澆薄薄一層橄欖油，將剛剛醃過的四塊鮭魚（兩斤重）平鋪於上，每一塊鮭魚上面再滴三、四滴橄欖油。鮮嫩的鮭魚醃漬的時間不要過長，一般不超過三十分鐘為好。

烤箱預熱華氏三百五十度，預熱時間通常是十分鐘。這段時間，鮭魚還在醃漬中，我們必得記得。烤箱熱了，將烤盤置放於烤箱中層。烘烤的時間是二十分鐘。

利用這二十分鐘，我們可以從容製作一道醬汁。取一隻小鍋，加入一茶匙鹽、一湯匙糖、一茶匙黑胡椒、四分之一茶匙「希臘綜合調味料」、四分之一茶匙迷迭香、四分之一杯白蘭地（cognac 為最佳，其他種類的白蘭地也可以）、四分之一杯白葡萄酒。在中火上煮至滾沸，熬煮三分鐘之後，改為小火，拌入四茶匙第戎芥茉醬和兩湯匙切碎的新鮮蒔蘿或者一茶匙乾燥的蒔蘿或者一茶匙瓶裝「野生蒔蘿」（dill weed）。關火，細細攪勻，盛裝在一隻玻璃小缸內，上桌。

用菊苣裝飾烤鮭魚

鮭魚烤好了。鋁箔紙可以幫助我們輕而易舉地將魚兒放在預熱過的大盤上。當然，我們也不會忘記，烤箱和鋁箔紙都幫助我們省卻了給魚兒「翻身」的大工程。

魚兒裝盤，可以用菊苣作裝飾，一種有鮮綠的葉子，另外一種很像細小的包心菜，嫩黃色。兩種都可以生吃。鮮嫩，有一絲絲甜味。

醬汁可以隨個人口味增減。烤得滑嫩的鮭魚沾了這道美味醬汁，是法國食客的至愛。這道菜也常常出現在義大利、西班牙、比利時、美國與加拿大的餐廳裡。當然，它也常常出現在我的餐桌上。

香草 herbs 既然是那麼有趣，在世界各地旅行的時候，我們不妨多多採購一些。瓶裝調味料適於攜帶、適於保存。在西菜與西點中比較常用的有以下幾種，列出來，供大家參考：

Sage	鼠尾草	Marjoram	墨角蘭
Chervil	山蘿蔔葉	Celery seeds	芹菜籽

食用調味植物香料 (Herbs)

Thyme　百里香

Tarragon　塔拉岡

Oregano　奧瑞岡（義大利、希臘產尤其好）

Paprika　紅甜椒粉（匈牙利產最佳）

Parsley　荷蘭芹、洋香菜

Dill　蒔蘿

Lemon & Dill　檸檬、蒔蘿綜合調味料

Lemon/Basil seasoning　檸檬、羅勒調味料

Greek seasoning　希臘綜合調味料

Cajun-all seasoning　美國南部Cajun地方之調味料

各種形態的蒔蘿（Dill）

　　至於薄荷（Mint）、迷迭香（Rosemary）、羅勒（Basil），建議大家買種籽來種。薄荷、迷迭香與羅勒都會喜歡臺北和高雄的天氣。

　　我在希臘居住期間，總是看到尋常人家的窗臺上遍植羅勒。其中有

一種，葉兒小小，植株成小傘狀，幾乎是盆景了。向希臘友人請教，這才知道，這 Greek mini window box basil 竟然是大大的有名。這種羅勒整年都是葉兒尖尖，需要經過漫長時間才會開花結籽。這可愛的植物終年為主廚提供新鮮、細嫩的調味聖手羅勒。

　　一點點泥土，一絲絲花香，幾片綠葉，不但讓生活在水泥叢林裏面的人們輕鬆下來，更可以豐富餐點的風味，何不動手來嘗試一下呢？

Tips ▪

◎移植香草類植物的正確步驟：

1. 買回小棵植物不要馬上丟掉根部的小塑膠盒。

2. 取一隻陶盆，尺寸以小棵植物連同根部小盒可以寬鬆放進去為宜。

3. 在陶盆內放些土，把植物連同小盒一道放入陶盆，再用土將根部小盒週圍填滿。

4. 把植物連盒子取出，丟掉根部小盒，重新將植物放回陶盆內，加土、澆水。如此這般，香草根部才能得到足夠的空間。

◎適宜於種植在室內的香草：

1. 羅勒較臺灣的九層塔清淡，可以用於蔬菜、肉類、海產以及各式醬汁。歐洲的 basil，尤其是義大利與希臘的「甜羅勒」格外可人，生長緩慢，葉片小，口感甜美，確是調味上品。

2. 百里香，香氣濃郁，可以廣泛使用於海產與家禽的烹製。

3. 薄荷，品種繁多，適用於茶、湯、沙拉和甜點。

4. 迷迭香，美麗的灰綠色香草，可以驅蟲，也可以安神，常用於肉類、家禽。用來烤雞、烹製羊肉，分外精采。

5. 奧瑞岡，製作各色醬汁不可或缺的香料。

6. 蝦夷蔥，學名叫做 Allium Schoenoprasum，極為細嫩、鮮美，不但常常出

現在高質量的沙拉裡，也可以入湯、製作醬汁、或者與其他蔬菜一起蒸食。

◎冰凍青菜，如豌豆、芸豆類，烹煮時可加入二分之一茶匙鹽。以此鹽水來煮冰凍菜蔬，可保持豆類鮮嫩的口感和翠綠的色澤。製作中式菜餚，來不及去菜市場購買新鮮菜蔬，以上述之法泡製冰凍青菜，一樣有效。

〜〜〜 我的備忘小札 〜〜〜

解鄉愁的靈藥

—— 酥酥糯糯的燉豆子 ——

　　大陸小說家王安憶對 party 很有感覺，她覺得，這「派對」把很多人聚在了一起，製造出和樂融融的氣氛。豈不知，那氣氛只不過是假象，只不過是「煙幕彈」而已。煙消雲散之後，留下來的竟然只是荒涼。

　　「荒涼」之感的產生，正是因為人們曾經寄望於那和樂融融的氛圍中有些真實的東西，希望那些笑容滿面的仁兄仁姐們和自己有一點共同的心境，不至於天差地遠。結果呢？小說家遇上了一票八竿子也打不著的陌生人，互相有所了解的境界她根本不敢想望，連再見面的興趣都寡淡到了極點。食物呢，更沒有可口的。那 party 真正是瞎耽誤了工夫。

　　我看王安憶的書寫，明白她的心情。我自己也參加過無數「煙幕彈」式的聚會，幾乎每次都是一旦離開與會者的視線便頭也不回地飛奔而去，心裡塞滿了「浪費時間」的沮喪。

　　輪到自己做主人，操辦派對，就在兩件事上下工夫，客人的人選與菜式的安排。

　　如果有朝一日王安憶作了我的客人，我最少要邀請一兩位對當代中國文學或對蒙古歷史有些研究的漢學家，必能等到她眼睛發亮的那一刻。

　　至於菜式嘛，安憶的名字有個「憶」字，和她的日子有些關係的一兩道菜都會勾起她的回憶，無論是甜是苦，都是結結實實的，不像煙幕那樣稀薄。

食客們無論怎樣「繞著地球吃」，在他們的味覺網絡裡總有一些特別之處，一經觸動，如同打開記憶之門，情感翻騰，人際之間的溫度驟然升高，party 成功在望了。

五彩豆子

那「特別之處」常常並非山珍海味而是歷史悠久、在世界各地廣受歡迎的食物，比方說豆子。人類「學會」吃豆子，可以追溯到新石器時代。豆子，每一粒同時也是種籽。貧瘠的土地，薄薄的掩蓋，豆子快快樂樂地生根、發芽、在陽光下攀爬起來、結出豆莢，有了更多的豆子。豆子和人類文明同步前進，由埃及、腓尼基、希臘、一路東征西進。在古老的東方，大豆則由中國的北方一路南下。

隨著凱撒、亞歷山大、成吉思汗、拿破崙鐵騎征伐，豆子的發展更加引人入勝。戰馬的鐵蹄在大地上擊出雷鳴般的轟響，馬蹄在奔突中踏碎了乾燥的豆莢，蹦蹦跳跳的，五顏六色或大或小的豆子跳落在枯草裡，在驕陽下閃耀如寶石。劫後餘生的人們百般珍惜地撿拾起豆子，或煮食以延續生命，或裝入口袋，帶著它們上路，去尋

瓶裝豆子

找一個和平的所在。豆子在人們身邊靜靜地等待。翻山越嶺飄洋過海之後，豆子在新世界抽芽，繁衍出龐大的新家族。

　　至於煮食豆子的方法，無論科技怎樣進步，高壓鍋和燜燒鍋怎樣流行，都必須經過浸泡和熬煮兩道手續。先進的炊具只能縮短烹飪時間卻不能簡化程序。新石器時代的遺風隨著豆子進入我們充滿現代科技成果的廚房。

　　秋風蕭瑟的日子，我喜歡做一道豆子湯。尤其喜歡把色彩豐富的豆子集合在一起，它們會給我帶來豐收的喜悅。

　　栗色粗紋豆（chestnut peddle bean）、荷蘭白豆（Dutch white）、一臉莊嚴的紅扁豆（red lentile）、大大小小的利瑪豆（lima）、黑白斑豆（pinto）、白色豆子上鑲著黑眼圈的南方佳麗（black-eyed bean）、對半裂開的小圓豆（yellow split pea, green split pea）、晶瑩如紅珊瑚的菜豆（red kidney）、美麗的虎眼豆（tiger eye bean）、沉穩的夜色豆（nightfall bean）、俏皮的粉紅色、珍珠色豆子……它們如同一幅畫、一首詩，踱進我們的生活。

燉豆子（一）*Bean soup*

■作法：

取一又二分之一杯（十二盎司）豆子，放在深鍋裡，加水，水要沒過豆子兩吋。煮開，以中大火續煮兩分鐘。關火，將鍋子從火口上移下來，蓋上鍋蓋，讓豆子在熱水里浸泡一個鐘頭。

浸泡過的豆子濾去水分，重新放回鍋裡，加進六杯新鮮高湯、二分之一茶

匙鹽、二分之一茶匙洋蔥粉 (onion powder)，用大火煮沸，改為中火，蓋上鍋蓋，續煮兩小時。這樣一鍋飄著豆香的熱湯可供六位食客享用。

豆子脾氣好，主廚提供的調味料照單全收。時間從容的時候，我會買一斤連骨火腿，先用清水熬煮四十五分鐘，用那火腿湯汁來浸泡豆子，在熬煮豆子的時候，再把已經燉得很柔嫩的火腿肉撕成細絲，放在豆子鍋裡，兩小時之後，那美味的火腿豆子湯會在記憶深處留下印痕。

有一位比利時外交官來到了雅典，外交圈盛傳此公乃 party 毒藥，在各式各樣的餐會上極難見到他展顏一笑，而且，他永遠沒有好胃口。

「那樣昂貴的黑海魚子，他不過是淺嚐一口而已，眉頭緊鎖，真讓人受不了。」一位英國外交官夫人如此抱怨。

我輕描淡寫，「魚子本來就只適合『吃獨食』，不是在派對上與眾人分享的佳餚啊。」

又一次請客，我特別邀請了這位「毒藥」先生，做了一道燉菜，主角正是豆子。

燉豆子（二）*A fabulous French casserole*

■作法：

先用四又二分之一杯冷水浸泡一又二分之一磅大白豆 (Great Northen)，需要兩個小時。在這兩小時之內，可以做其他的準備工作：把五根胡蘿蔔去皮，切成一吋半長的小條。選六隻中等大小的洋蔥，去掉蔥衣，在其中一隻「身上」插入四粒整粒的丁香 (clove)。

在一隻大號燉鍋裡，放進浸泡好的豆子 (泡豆子的水不要濾掉)、兩罐雞湯 (

如果是自己熬煮的高湯，則需要二十一盎司)、兩片撕碎的月桂葉 (bayleaf)、四分之一已經切成小條的胡蘿蔔、洋蔥 (包括插了丁香的那一隻)、二分之一杯切碎的芹菜葉、一又二分之一茶匙鹽、三粒黑胡椒、三瓣拍碎的蒜頭、一又二分之一茶匙乾百里香葉 (thyme)、一茶匙乾墨角蘭 (marjoran)、一茶匙乾鼠尾草 (sage)。

用中大火將鍋中物煮到沸滾，改為中小火，加蓋，續煮一小時。這個時候，廚房的香味已經非常誘人了。

時間到了，將另外四分之三胡蘿蔔條放進燉鍋，加蓋，續煮十五分鐘。

在這十五分鐘之內，把一塊四分之一磅重的培根 (bacon) 對半切開。在一隻平底鍋裡煎至金黃。買不到整塊培根，選用已經切成厚片的加拿大培根也很好。烤箱熱至華氏三百五十度，將爐臺火口關掉，在燉鍋內加入培根，不蓋鍋蓋，放進烤箱，烤三十分鐘。

對於爐火與烤箱都能勝任愉快的炊具正是一隻上好的燉鍋 (Dutch oven)。有了這件寶，這道菜的順利完成就有了把握。

在這半個小時裡，用一隻大平底鍋，融化兩湯匙黃油，煎黃八大塊雞塊 (雞的重量不要超過四磅，喜歡東方美食的朋友可以選擇雞腿)。在煎好的雞塊上均勻地灑上二分之一茶匙鹽和四分之一茶匙白胡椒粉。

從烤箱裡取出燉鍋，將雞塊放進燉鍋，倒進一罐 (一磅重) 去皮蕃茄。將罐內的湯湯水水全部倒進燉鍋裡。在最上面，盤放一條波蘭香腸，用尖刀在香腸上劃出九道八分之一吋深的刀痕，使得香腸容易入味。

這時候，燉鍋已經非常沉重，主廚也已經非常疲倦了，將燉鍋加蓋重新放回烤箱的時候，烤箱熱氣炙人，要十二分小心，千萬不要燙傷。

這一鍋寶物要再烤四十五分鐘，揭掉鍋蓋，續烤十分鐘，大功告成。

在廚房料理檯上，把嵌了丁香的洋蔥丟掉。把香酥的豆子、金黃柔嫩的雞塊、入口即化的洋蔥和胡蘿蔔、紅棕色香氣四溢的香腸稍加整理，裝盤上桌。上桌前，不要忘記加上一點新鮮的香菜，不但是很好的點綴，也增加了清新的口感。

記得那次請客，我提早一天做了這道法國鄉下的家常菜，放進了冰箱。請客當天，一大早就把燉鍋放在廚房不礙事的地方，讓它自然回到室內溫度。客人抵達之前一個小時，烤箱預熱華氏三百度，加蓋，放進烤箱加熱六十分鐘。客人到了，主菜也已經預備好了。

「party毒藥」進得門來就聞到了香味，說了聲「抱歉」就直奔廚房而來。他滿臉悽惶，懇切要求我「揭開鍋蓋」，讓他好好聞一下他「姑母廚房的味道」。

東方與西方，米與豆，人們的食糧，文化的互補與融合

餐桌上，他絮絮叨叨地告訴大家，二次大戰期間，他痛失雙親。善良的姑母將他接到法國鄉下，「她就會煮這麼好吃的豆子、培根和香腸。她的廚房永遠是暖洋洋、香噴噴

希臘香腸

的」。他吃的津津有味，然後，感慨著。戰後歐洲的種種在席間飄蕩，人人忙著訴說自己熟悉的那一段，溫柔而濃郁的鄉情瀰漫在人際之間。

那一晚，我只想嚐幾粒豆子，酥酥、糯糯的豆子，被月桂、鼠尾草、百里香、墨角蘭和丁香浸透了的豆子，又被培根、雞肉、香腸覆蓋上了一層歐洲人須臾離不得的家鄉味。

那是他們的鄉愁，解了這一環，那比利時男人是多麼的隨和而親切啊！

其實，事情常常是這麼簡單的。

Tips ▪

◎基於健康因素，豆類、豆製品在世界各地大大地風行起來。豆腐、豆漿、豆乾、乾絲、烤麩、百頁、油豆腐之類都已經進入尋常百姓家，並不只是東方人喜歡。美國的超級市場買得到嫩豆腐、老豆腐、甚至炸豆腐。宴客的時候，如若「中西合璧」，豆製品絕對討喜。

◎正文中那道法國鄉下的燉菜，「香腸」的部份可以選用任何一種自己心儀的香腸來代替。臺灣產的香腸，種類和口感都很豐富，是很好的選擇。

◎泡豆省時法：

1. 豆與水的比例，以「杯」為計量單位：

   一杯豆四杯水，二杯豆七杯水，三杯豆十杯水，四杯豆十三杯水，以此類推。

2. 以大火煮沸，續煮兩分鐘。移下火口，加蓋，讓豆子在熱水中浸泡一小時，即可開始調理。

3. 有些豆類比較容易泡開。正文中菜單部分使用的大白豆，浸泡的時間比較長，冷水兩小時，熱水一小時。如果使用 black-eyed bean，可以省一半時間，這種豆子在任何地方都很容易找到，相當方便。

適　意
——桂香茶會——

　　年節期間，很有興味地讀到陳大為先生評論羅門先生都市詩的一本書《Sein存在的斷層掃描》。其中，有關飲食文化的一小段書寫尤其有趣。

　　按照評者的意見，麥當勞是文化的「殖民主」，而「刀叉／筷子」則是「東西方飲食文化的首要交鋒據點。詩人在〈「麥當勞」午餐時間〉這首詩中以「手裡的刀叉」描述麥當勞飲食文化則是犯了「一個不可原諒之錯誤」，因為「吃漢堡是不用刀叉的」！

　　事實上，詩人沒有錯，麥當勞提供刀叉。只不過，不是銀質或不銹鋼，只是塑膠刀叉而已。刀叉確實是西方飲食文化的一個重點，而麥當勞也確實是一個跨國界的連鎖速食品牌。

　　評者在書寫中也沒有真正深入了解麥當勞風行世界的真正緣由。麥當勞成功的最基本要素有二，一是提供一種「適意」的氛圍，二是「入鄉隨俗」。

　　漢堡是麥當勞的主要菜式，但是這位主角脾氣隨和，到了不同的地方就會呈現不同的口味。麥當勞也有不少配角，蘋果餡餅與炸薯條贏得許多小顧客的心。世人喜愛東方美食，於是推出炸春捲和炸蝦。當然也提供筷子，不是象牙筷、紅木筷，而是用過即丟的「衛生筷」，塞在紙套中。世人注意身體健康，於是，蔬菜沙拉、雞絲沙拉，不斷推陳出新。

　　希臘人熱愛 Feta 乳酪，雅典的麥當勞絕對不會忽略這一點，沙拉檯上橄欖油和乳酪取之不盡。

　　人們可以用刀叉進食沙拉、切開雞塊、優雅地挑起薯條，也可以用筷子夾住滾燙的春捲，沾了醬汁，緩緩送入口中。反過來也一樣，人們用筷子吃沙拉，或用叉子叉起春捲，或者乾脆下手抓住漢堡大嚼，都不會有任何人側目。「適意」是麥當勞特有的氣氛。麥當勞絕對無意成為飲食文化的「殖民主」，更不樂意成為東西方文化的「交鋒據點」。

　　至於食客的衣著，在麥當勞，西裝革履與牛仔褲、套頭衫平起平坐，布鞋、中式小褂更不會跌身分。人人都是 VIP，那才是麥當勞文化的精髓。

　　當然，在「入鄉隨俗」的大目標下，herbs 又扮演了重要的角色。調味料改變口感，使人產生似曾相識的親切感覺，能夠抓住那種感覺才是跨國餐飲業成功的重要因素。「趕時髦」的心理不可能長久地抓住客人，「吃得下去」、「好吃」、「方便」才能有長久的吸引力。

　　以誠待人是心理建設，善用調味料則是技巧。兩者都不可或缺，兩者也都是窮畢生之力學習不盡的大題目。

　　希臘與土耳其，歷史的血雨腥風和現實的矛盾衝突糾結在一起，永無休止，令人神傷。但看調味品，無論在雅典還是伊斯坦堡，不同的語言文字下，雷同的調味品構成了相當接近的口感。

　　在歐洲和北美，精緻餐飲文化仍然佔據著重要的地位，調味品的用法也都接近其源遠流長的歷史原貌。使用各種美麗的瓶子，用醋和油來浸泡整株香草是每位主廚樂此不疲的活動，經年不斷。將蒔蘿、紅辣椒、羅勒、月桂泡在橄欖油裡，隨用隨添，是許多廚房裡的尋常風景。

眼看著一枝蒔蘿在油瓶裡亭亭
玉立，不僅十分的悅目，這樣充分
浸泡過的油已經帶上了香草本身的
風味，用來拌沙拉，格外好用。整
株奧瑞岡和伊斯妥岡（estragan）都是
用來泡醋的好材料。選擇用水果釀
成的醋（wine vinegar）來浸泡香草最
為理想。經過香草的薰陶，那醋不
但可以用來拌沙拉，也可以用來燒
菜。口感敏銳的食客，菜餚入口，
馬上準確指出，泡酒或者泡醋的香
草是何方神聖。

用蒔蘿、月桂、紅辣椒、羅勒籽泡橄欖油

　　希臘人喜食大蒜，他們找一根
竹籤，串上四、五瓣肥肥的大蒜，
泡在蘋果醋（cider vinegar）裡。那醋
沒有嗆鼻子的酸味，卻辛辣得很，
別有風味。喜歡中國菜的主廚會用
這種醋作涼拌和熱炒的調料。

　　香草的妙用在茶會中常有精采
的表演。我喜歡用乾燥花和香草插
成花籃，擺放在玄關和樓梯上，不
但美麗而且是一種天然芳香劑。來
自天南地北的客人很容易在那五彩

伊斯妥岡泡醋（右）

繽紛的花籃中發現自己的舊識，兒時的良伴，家鄉小河邊、山丘上的常見植物，立時精神大振，興致勃勃地期待發現更多的驚喜。

無論英國茶、錫蘭茶如何被西方世界稱道，在我家的茶會上，永遠是中國茶當道。也不必非碧螺春、龍井不可，臺灣高山茶、烏龍茶照樣博得滿堂采。

春節期間，我辦的大型茶會上，主帥正是天仁茗茶的桂花茶王，用上等烏龍茶和新鮮桂花薰製的調味茶。客人聞到香味，紛紛要求看一看茶的「原貌」，無不驚奇茶葉中那星星的金黃，連聲請教散發奇異幽香的 herbs 叫什麼名字？

桂花，也就是 Osmanthus，開黃花的這一種，我們叫它「金桂」。於是各種口音四聲亂成一團的 Jin gui 之聲不絕。

不愧是「茶王」。金黃色的茶湯盛放在象牙色茶杯之中，高貴無比。其香氛、其溫潤更令大家傾倒。

佐茶的點心除了常例蘇格蘭燻鮭魚加蒔蘿醬、法式蛋糕、義式餅乾之外，比利時巧克力與桂花茶王也搭配得很有默契，尤其深深贏得與會女客的好感。

至於乳酪，在那次的茶會上，我選擇的是兩種加了香草的乳酪。法國的 blue cheese 正如同中國的臭豆腐，聞著受不了，吃起來可是真香。丹麥的 blue cheese 沒有刺鼻的氣味，吃著一樣的有滋有味。所以我選擇了 Danish Blue，一種連不喜歡乳酪的中國人也能接受的點心。另外一種，則是法國人愛到極點的羊乳酪（French goat cheese）。法國的驕傲 Chevre ever de Belley 推出的新產品，乳酪外面裹滿了墨綠色的調味料，不僅完全掩蓋了乳酪的腥羶，而且使得那點心入口即化，特別甘美。

茶與乳酪

　　用調味香草改良過的乳酪被安置在華美的乳酪盤中，一時間，東西方的香草在茶與點心之間搭建起一座芳香的橋，人人食指大動，享受好茶與美點帶來的愉悅。

　　茶會的話題通常與當時當地的各種新聞有關，但是主人如果多用一點腦筋，出奇制勝，也常會產生有趣的效果。

　　己卯春節茶會空前成功而且總是讓我懷想不已的一個因素是一批來自高雄美術館的年畫，畫家簽名的有限量版畫，件件都是精品。當這批年畫在茶會上亮相的時候，在掌聲和驚嘆聲中，茶會進入了歡樂的高潮。

　　由文建會和高雄市美術館主辦的年畫徵選活動發揚了中國年畫的傳統，鼓勵、培養了畫家。各國嘉賓看到這些作品，爭相讚揚這樣的活動會帶給人間無限美好。

　　多麼富麗！多麼生動！多麼有趣！多麼不凡！

　　人們看到了「獅王獻壽」，也看到了「瑞兔迎春」，驚艷於「花開

富貴」，迷醉於「年年吉祥」。

「滿載著祝福！」、「真是喜氣洋洋！有著年節的歡慶氣氛」。人們交頭接耳。

當我告訴大家，那祝福來自美麗的臺灣、陽光普照的高雄，每位客人可以選擇自己最為心儀的一幅年畫，將那祝福帶回家，將那喜氣珍藏……。掌聲與歡呼聲幾乎掀起了房頂。

那個下午，桂花茶王和「平安如意」成為主旋律，創造出一個非常適意的空間。在那適意中，西方餐飲文化心平氣和擔任了頗為稱職的配角。

我相信，那一天的溫馨會長留人間，各國客人都看到了東西方文化與傳統水乳交融的美景。我也相信，許多朋友會長時間津津樂道那一個下午的種種美好，懸於各國友人廳堂裡的那幅年畫，更會優雅而含蓄地揭示東方美學的燦爛與熱情。

桂花香，正是那適意空間裡最幽遠的清芬，沒有人會忘記。

時序進入二十一世紀。西方人對來自東方的茶有了更深的體認，茶有了更多的沖泡方法，也有了更多的「搭檔」，有了許多令人炫目的變化。

在巴黎，著名茶博士Gilles Brochard研發出一種香檳烏龍，食客們可以在Hotel Le Bristol品嘗到這種盛放在水晶杯裡的涼茶。當然，我們也可以在自家客廳裡用這道茶來款待親朋好友。

用兩杯冷水來浸泡兩湯匙的烏龍茶茶葉，茶葉以臺灣烏龍與福建烏龍為首選。浸泡時間為六個小時。濾出晶瑩的茶湯，密封，置入冰箱，最少一小時之後才能用來調味。

在一隻香檳酒杯內注入半杯茶湯，再注入半杯香檳。這一杯沁人心脾的飲料會帶來怎樣的歡愉，只有試過的人才知曉。

Tips ▪

◎茶會是聯誼的好形式。人數可多可少，客人可在主人家的客廳、書房遊走，可以自行選擇談話對手，衣著比較輕鬆自在。主人也有更多的時間、精力招呼到每一位賓客。這些都是茶會的優點。

◎「下午茶」正好在午餐與晚餐之間的時段，人們的心緒比較平和，文學、藝術類的題目都比較容易成為大家樂意參與的話題，主人不妨多做準備。

◎在餐館請友人吃飯之後，再約到家中「茶敘」一番，也是絕佳的社交方式。

◎蘋果醋在歐、美廣受歡迎，尤其是近年來醫學界發現蘋果醋有強化膝關節的功用，可以用於「食療」。中式料理若是用此醋作涼拌，也是不錯的設想，可以試試看。

~~ 我的備忘小札 ~~

海神波塞頓的餽贈

——肥魚鮮，東西吃——

　　海神波塞頓和太陽神阿波羅叔姪倆遊戲於天地之間，將愛琴海妝點成世上最美麗的海。

　　世人看海洋，常被那一望無際的荒涼震攝住。波濤驚岸，更不知隱藏多少危機在內。真正熱愛海洋的人多是能夠享受孤寂又富於冒險精神的弄潮兒。

　　愛琴海以其寧靜聞名，阿波羅居住之地又少有烏雲翻滾，海水以多層次的藍色吸引著世界各地的人們。每年六、七、八三個月，希臘海濱及眾多美麗小島的旅館、飯店人滿為患。希臘人崇尚自然，並不因滾滾財源而將天然海岸變作遊樂場。簡單的住宿條件和未加雕琢的自然景觀，給了遊客機會甩脫現代工業文明的桎梏，投身大自然的懷抱。

　　清晨，阿波羅舞動袍袖，霞光籠罩的海面如同新嫁娘的笑顏。白帆點點，出海人揚帆向著海神之宮進發。不待日落，海神輕呼一口氣，船兒馳回人間。近岸邊，落了帆，順著水勢靠上碼頭，船上的魚兒、蝦子活蹦鮮跳。出海人的身影嵌入了一個金色的世界。

　　阿波羅回眸一笑，天空和海面瞬間沉入溫暖的暗紅色，人間的歡樂時光頓時登場。人們酒足飯飽之時，明月高懸，愛琴海一片銀白，端莊、肅穆。人，也都靜了下來，滿懷感激。波塞頓在祂的宮殿裡吹奏樂曲，由海水一波波傳送到人間。

　　這，大約就是為什麼數千年以來文人歌者將愛琴海諸島形容為人間

海神波塞頓心平氣和的日子

桌椅已經擺好，待漁人上得岸來，魚兒或炭烤，或油煎，隨您心意

天堂。

　　踏入天堂的人們所嚮往的除了美景之外，自然也有美食。

　　我在 Santorini海濱漫步，見一位老人衣著整齊地在海灣垂釣。不消一時

老人在Santorini深海垂釣，每日得一魚，心願已足

三刻，銀光一閃，魚兒已經在盛著海水的小桶裡游動。老人就此收工，坐在大石上歇息，眼望大海，表情怡然。據他說，此地因為四千年前火山噴發而形成深逾一千英呎的海溝，海神波塞頓的餽贈格外豐美。他每天釣一條魚，回到家中多用炭烤方式烹製。他說，調味料就是鹽、檸檬汁和橄欖油，這三樣大自然的恩賜。非如此難以保持海鮮的原味。

　　向希臘著名烹飪專家 Vefa Alexiadou 討教，她的意見與垂釣老人也是差不多的，「海鮮已經非常鮮美，燒烤過久，鮮味

希臘北部Thessalonike的魚市遠近聞名

盡失，放太多佐料也同樣失策。」

Vefa 最重要的經驗是，海鮮太柔嫩，所以海產個頭大小、體重多少才是考慮烹製方法的首要因素。大魚應當溫度適中（華氏三百五十度），時間稍長（十五到二十分鐘）。小魚則需要高溫（華氏四百到四百五十度），快速則佳。希臘人烤大魚而酥炸小魚，理論根據即在此。

世人多半不太喜歡希臘菜。有一本書，叫做《唇與舌的回憶》由胡桃木出版，在臺灣曾經風行一時。作者茱蒂絲・摩爾就提到她的鄰居燒的希臘菜「鹹得一蹋糊塗」，挖苦了一番。這只是一個例子。東方人吃魚，無論紅燒還是清蒸都會烹到有滋有味，當然也不容易看得上太過自然風的希臘餚饌。

我是在雅典住了一陣子之後，才開始嘗試以炭烤的方式烹製海鮮的。

炭烤海鮮 *Grilled fish*

■作法：

希臘傳統作法是這樣的，將一條半公斤重的魚兒，洗淨、濾乾，魚背兩側各劃三刀，揉進鹽和胡椒，再用橄欖油刷遍魚身內外，放在炭火上烤二十到三十分鐘（每一面烤十到十五分鐘）。裝盤之後，澆上傳統調味料就可以大快朵頤了。調味料由兩份橄欖油、一份檸檬汁再加鹽和胡椒和細碎的香菜葉混合而成。

希臘人世代得大海恩賜，吃慣了海鹽，口味重。我們受不了那麼鹹

的菜，請客的菜餚仍然清淡。如果客人當中有希臘人，我會特別放一個美麗的小鹽碟在他們手邊，方便這些海神的子民為菜餚「加味」。

遊客來希臘，常被本地人胡天胡地的飲食習慣和希臘男女的魔鬼身材絕倒。秘訣其實很簡單，就是橄欖油和檸檬。

希臘人喜歡吃肉，肥美的羊肉更是珍餚美味。他們喜歡鹹的食物，更愛甜食。晚上九、十點鐘才吃晚飯，飯後又是酒，又是咖啡，載歌載舞，折騰到凌晨兩三點才回家睡覺。按照現代醫學的看法，鹽、糖、高脂肪、重量級的晚餐都是健康殺手。然而，大量的、永不停止使用的橄欖油和檸檬汁救了他們，不但維護了他們的身材更保證了他們的健康。

照方抓藥，我在炭烤食物的時候也大量使用這兩樣寶物，尤其是烹製海鮮的時候，更是片刻不能離。

中國人善烹調，燒魚的時候，紹興酒、醬油、鎮江醋、蔥、薑、蒜都會巧妙搭配。

若是期望肥美的海鮮不失原味同時又能夠滿足我們那十分挑剔的味蕾，主廚必得下一番功夫。幾經試驗兩相平衡，我取橄欖油、檸檬汁、白葡萄酒、魚露、薑蓉、蔥蓉、鹽和白胡椒。

仍然是半公斤肥美海魚一條，洗淨、濾乾，在魚背兩側各深深劃三刀，在揉進不超過四分之一茶匙的鹽和白胡椒的同時滴進數滴魚露。把魚放在一個很淺的大盆內，澆上醃料。醃料配方如下：

橄欖油、白葡萄酒、魚露各三湯匙，蔥薑蓉(新東陽、味全、李錦記的產品都很好)一茶匙、鹽二分之一茶匙、白胡椒四分之一茶匙。醃料也可以直接注入魚膛之內，更容易入味。魚在醃料中歇息不超過半小時為宜。

希臘廚師和他正在烤的全羊

檸檬，西式烹飪的大將，不可或缺

平底鍋用小火先加溫,鍋子溫熱之後,刷上橄欖油,改為中大火。鍋子不可以太熱,更不可以冒煙。小心地將魚兒放進鍋裡,煎烤十分鐘,魚目變成白色,小心地翻面。再烤十分鐘就可以裝盤上桌了。初次煎魚的朋友,可以用一把扁扁的夾子來幫助魚兒翻面,記得要在夾子上刷油。

用這種方法煎烤出來的魚,魚皮不會焦,魚肉非常嫩,人工添加的味道比較稀薄。上桌的時候切幾片檸檬放在一邊,食客可以隨意滴上幾滴新鮮檸檬汁,更加美味。

中式烹調將魚露視作調味料,我將它改作醃料,較醬油清淡。用魚露調製醃料,便可以少放些鹽,對健康也有利。大家烹製海鮮的時候,不妨試試看。

法國人食不厭精,烹魚的時候,多選用無皮、無骨、無頭、無尾之魚肉。鮭魚、鰈魚、鱈魚、小比目魚都是上選。法國人喜用奶油,有一道菜更是誇張,竟然誇示說用這道菜招待女王陛下也很夠水準,便將菜名題作 Fish fit for a Queen。

奶油魚捲 *Fish fit for a Queen*

■作法:

取八條處理好的鰈魚 (sole) 或者小比目魚 (flounder),總重量二又二分之一磅。洗淨、濾乾,選其中整齊漂亮的六條平放在切菜板上,顏色深的一面朝上。另外兩條切成半吋見方的小塊。

把小魚塊放在一個盆中,加進一個蛋白、四分之一杯鮮奶油 (heavy cream)、二分之一茶匙鹽、兩湯匙切碎的香菜葉、三滴 Tabasco (這是一種辛辣調味料,比較淡的中式辣油可以當作代用品),充分攪拌。如果使用食品處理機來打碎,時間不能超過一分鐘。攪拌後的魚肉糊有厚重的感覺,呈淡綠色。

把魚肉糊分成六份,每份兩湯匙上下,放在魚上,平平地攤開,邊緣處保留一些空白。小心地將魚身捲起來,魚肉糊便被一層層捲在其中,最後用牙籤固定,做成六個美麗的魚肉捲。

把一隻中等大小的平底鍋用黃油細心抹過,再把魚肉捲一個個直立在鍋裡,千萬不要沾到鍋邊。加入一杯白葡萄酒、二分之一杯水、一隻切成細絲的小洋蔥、三隻切成片的檸檬、一片月桂葉、三粒黑胡椒、一茶匙鹽、四分之一茶匙塔拉岡葉 (tarragon)。開中大火,煮到滾沸,馬上改成小火,加上鍋蓋,燜煮十分鐘。千萬不可煮過頭。

把平底鍋從火口上移開,用一把有洞的小鏟把魚捲一個個請到一個已經預熱的美麗大盤中。

平底鍋裡殘留的魚湯是好東西,濾出半杯留著製作調味醬汁。

在一個小鋼精鍋裡加入三湯匙黃油,用小火融化。把小鍋端離火口,篩入兩湯匙麵粉、四分之一茶匙鹽、八分之一茶匙紅甜椒粉 (paprika),充分攪拌。移上火口,用中小火煮一、二分鐘。再加入四分之三杯低脂肪奶油 (light cream)、剛才已經準備好的半杯魚湯、兩個蛋黃、兩湯匙雪莉酒。攪拌均勻以後用中火煮兩分鐘,醬汁已經濃稠,大功告成,主廚可以喘一口氣了。

把部分醬汁澆在魚肉捲上,剩下的醬汁放在一個小缸內。上菜的時

候，有些食客口味重，可以自己添加。

　　幾條魚被刻意折騰成這樣，海神波塞頓大概是很不以為然的。

　　當然，多半的時候，女王陛下並非咱們的貴客，而我們日程緊湊又剛巧沒時間把大小鍋子端上端下，想嚐嚐歐式烹調的魚兒，又要省時省事，我有一個妙方。

烤魚 *Baked fish*

■作法：

烤盤上舖了鋁箔紙，輕抹一層黃油，將洗淨、濾乾的無骨魚肉平舖於上，千萬不要重疊。

在魚上澆灑一湯匙橄欖油、二分之一湯匙白葡萄酒、二分之一茶匙鹽、四分之一茶匙紅甜椒粉、八分之一茶匙白胡椒粉。烤箱預熱華氏三百五十度，把魚放進烤箱，兩條魚，烘烤時間以二十分鐘為宜。

再參照希臘人的祖傳良方，用兩湯匙橄欖油、一湯匙檸檬汁、二分之一茶匙鹽、四分之一茶匙白胡椒粉、二分之一茶匙細碎香菜，拌成調料一碟，置於桌上。如此這般，佐以鮮蘑或者青花菜，味蕾得到了照應，健康也有了保證。

　　走筆至此，似乎聽到海神的輕微嘆息，「這還差不多」。

英國女王陛下聖誕廚房一景

Tips ▪

◎中國人不太喜歡檸檬，更不會將檸檬當作日常水果。但是，如果用檸檬來
調味以減少鹽的用量，確實有益於健康。

◎出國旅遊，在歐美超級市場或者美食專賣店尋找一些 seafood seasoning，用來
烹製海鮮，無論蒸、煎、煮、燜、烤，都可以派上用場。

◎「雞吃骨頭，魚吃刺」是東方飲食文化的一部分。客人中間有西方朋友的
時候，魚片較全魚討喜，蝦仁較全蝦討喜。

◎四、五百年以前，鹽是矜貴之物，一大坨放在水晶或是銀質的容器中，端
立在華麗的餐桌之上，是當初荷蘭畫派藝術家們描摹的對象。十八、十九
世紀，鹽碟乃餐具中不可或缺之物，水晶、瓷器、銀器、錫器爭奇鬥妍。
到了二十世紀，餐桌上，鹽與胡椒都被裝入各種材質的小瓶之中並肩而
立，鹽碟漸漸退出。二十一世紀，鹽碟進入古玩店。喜愛收藏的朋友不妨
留意。

一抹地中海夏日風情

——Dijon & Pasta

　　當東方人想到義大利，想到地中海的時候，也許會情不自禁地想到一些用麵粉製成的食品。在臺灣，pizza 早就不是陌生的字眼。超級市場除了傳統的各種麵條之外也出售鐵絲般的義大利麵條，也就是我們常常吃到的 spaghetti。

　　西方人，尤其是地中海沿岸國家的老百姓，他們熟悉許多不同種類的麵粉製品，形狀各異，共同點是都必須在滾沸的鹽水中煮個十來分鐘才能入口、下嚥。

　　在臺灣、韓國、日本，許多人愛吃麵，擔擔麵、炸醬麵、大滷麵、蕎麥麵、炒麵，哪怕一鍋湯麵也做得有滋有味。麵的本身更有柔韌的拉麵、耐嚼的刀削麵、滑不溜丟的撥魚等等，東方人看那 spaghetti，總覺得沒啥味道。

　　在羅馬街頭漫步，不時便碰到舊書攤。有關烹調，自然是文圖並茂，很有些古趣的。義大利人

地中海邊的著名飯館，菜單長達十多頁

Pasta

腦子裡的麵食是 pasta，很多很多年以來，pasta的成分沒有大的改變，只是麵粉、水、雞蛋和少量的鹽。其形狀卻有大片帶花邊的 lasagna、小帽狀的cappelletti、玩具車輪般的rotelle、蝴蝶結似的cestini piccoli、樣子好像螺旋或者彈簧的eliche和fusilli，以及直的、彎的各式各樣的通心粉。

雖然顏色和形狀都非常誘人，但是當我們翻開字典，有關pasta或者義大利麵卻沒有一個詳細而有趣的說明。多半的時候，字典只是告訴我們，那種東西嘛，通常是煮軟之後澆些醬汁灑上乾乳酪粉才可以入口的。

在托斯卡尼，我走進pasta專賣店，覺得那些顏色鮮豔、形狀各異的麵粉製品的背後躲藏著一個民族幽遠的歷史，散發著文化的芳香，如同中國的茶、法國的葡萄酒。

經過了數百年的沿革，義大利麵出現了新的品種，將不同的口味融進了麵製品，稱作「有味麵」（flavored pasta）。也就是在製作的過程中，蕃茄、菠菜、甜菜、萵苣之類的蔬菜成為「添加物」，所添加的不僅是口味、營養，還有美麗的色彩。甚至，有味麵自沸水中被撈起的時候還

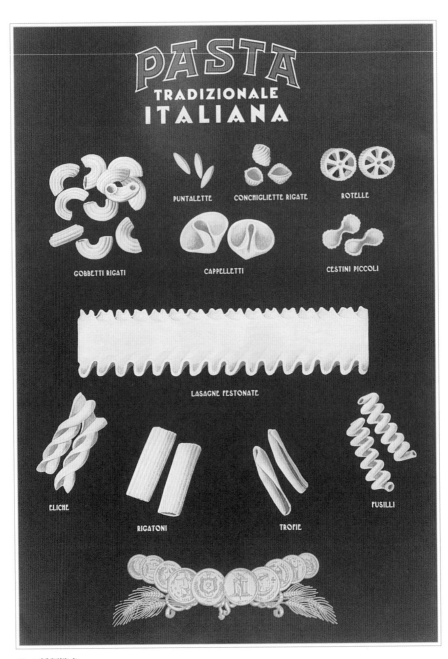

Pasta種類繁多

帶出了菜園特有的淡淡的清香。

「有味麵」的調理不需要任何其他佐料，只需用小鍋融化一茶匙黃油，與一茶匙的一榨橄欖油（extra virgin olive oil），稍稍攪拌，用來拌麵，無論午餐還是晚餐都相宜。

如果待客的菜餚口味重，我會選擇「有味麵」來搭配。極為純淨的一榨橄欖油本身就是健康食品，口感順滑，毫不黏膩。

若逢炎炎夏日的午後，人人口乾舌燥的當兒，太過繁雜的菜式會讓客人感覺夏日之漫長已到了不能忍受的地步。再說，這樣的日子，親自下廚的主人也不希望在廚房裡工作太久。這種時候我會採用清爽、可口的菜餚。菜單上會出現兩道以上的涼菜，一道西式的沙拉，一道中式的涼拌，涼拌黃瓜、爆醃白菜都很受歡迎。主菜則以家禽或者海鮮搭配義大利麵佐以或蒸或川燙的青菜。甜點用水果盤和果凍作結語。冰咖啡、冰茶、不加糖的水果汁、礦泉水作飲料。

這樣一餐下來，主客都會覺得暑氣不再蒸騰，日子又可以高高興興地過下去了。

以雞肉為原料的菜餚數不勝數。西方人愛吃雞胸肉，俗稱「白肉」white meat，東方人喜食雞腿、翅膀、脖子之類的「活肉」dark meat，不大喜歡雞胸肉。其實，這「白肉」也可以非常好吃的，重點在於我們的廚房裡得有一把小小的槌子，槌頭的材質可以是木頭，也可以是金屬。這種槌子叫做 mallet，不是曲棍球或者馬球的球棍，把柄短小，隔著蠟紙輕輕捶擊在肉品上，可以使其鬆軟、柔嫩、易入味。烹製西菜有經驗者，會選用鐵鎚對付牛肉而選用木槌對付雞肉。

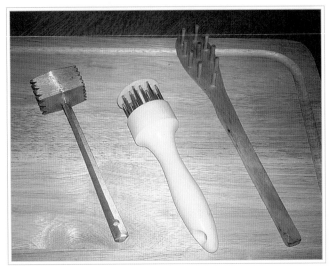

三種材質的Mallet

第戎芥茉雞配義大利麵 *Dijon & pasta*

■作法：

如果食客共有四位或者六位，我們可以選四大塊雞胸肉對半切開，將這八片雞肉平攤在砧板上，覆蓋一張做點心用的蠟紙（waxed paper），如果一時買不到蠟紙，可以用保鮮膜代替。在蠟紙或保鮮膜上輕敲一番。有朋友問，就用刀背將雞肉「拍鬆」行不行？我仍然建議朋友買一把小木槌，因為刀背是沒有辦法將肉品拍鬆的。揭下蠟紙，在雞胸肉上灑二分之一茶匙鹽和將近二分之一茶匙黑胡椒粉。

取一隻平底鍋，放在中火上，融化一湯匙的黃油，同時徐徐注入一湯匙植物油，橄欖油還是首選。等到兩種油充份混合了，將雞胸肉平平放進鍋內，大火煎三分鐘，翻面，再煎兩分鐘。千萬不可以煎得太久。在煎肉的同時，預

熱一個大盤，放進微波爐加熱一分鐘或者在熱水中浸泡兩三分鐘都可以。把已經煎好的雞肉放在溫熱的大盤子上。

在煎過肉的平鍋裡放進三湯匙切碎的小蔥、半隻檸檬的汁或者一湯匙瓶裝檸檬汁、兩湯匙白蘭地、三湯匙切碎的香菜、兩茶匙芥茉醬。最棒的芥茉醬產自法國第戎。我們在超級市場很容易買到Dijon-style mustard，以第戎命名，味道比較有保證。以上佐料用中火翻炒十五到二十秒鐘。然後，加入四分之一杯(兩盎司，60cc)高湯，雞湯最合適，使鍋內的醬汁充分混合。最後加入的是另外一湯匙黃油、一湯匙植物油，充分攪拌、煮沸，需時十幾秒鐘而已。將滾燙的醬汁澆在溫熱的雞塊上，這道菜就可以上桌了。

用第戎芥茉醬調製烤雞配義大利麵

在西餐廳，這道菜會以第戎命名，因為那芥茉醬正是整道菜的靈魂，其提味的妙用完全不同於辣椒胡椒的辛辣，第戎芥茉的那一點刺激只是在味蕾上挑逗著，我們必得親口嘗試才會感動。

好了，有了紅花還需要綠葉。這綠葉就是 pasta。各種義大利麵在包裝上都會詳盡說明，這種麵需要在沸水中續煮多少分鐘。以一茶匙鹽加入沸水，是我煮義大利麵的小小訣竅。經過鹽水洗禮，鋼筋般的麵條變得柔韌，口感更爽利。

調理義大利麵的重點在醬汁，一般有紅、白兩色。

Pasta 白色醬汁

■作法：

製作白色醬汁，先在一口小鋼精鍋裡用小火融化四分之一杯黃油，如果手中的黃油是條狀的，半條剛好。把小鍋從火口上移下來，放在料理檯上，依序放進四分之一杯波米贊乳酪屑 (Parmesan cheese，這種乳酪是製作pizza 不可或缺之物，在超市很容易買到)、半杯切得很細的洋香菜、一瓣已經拍碎切細的大蒜、一茶匙乾的或者一湯匙新鮮的羅勒葉、半茶匙乾的墨角蘭。

把所有的配料充分拌勻。在攪拌的時候，一定聞得到幾種香草散發出的誘人的香味。羅勒 (basil) 是地中海特產，希臘家庭窗檯上終年長綠的一年生盆栽。羅勒的清香瀰漫希臘全境。來客常常會從殷勤的希臘主婦手中接過一枝羅勒，那枝羅勒可不尋常，枝頭滿載著主人的盛情。至於味甜的墨角蘭 (marjoran)，在法國南部、義大利和希臘，是製作香腸必備的佐料。法式烹調中，墨角蘭更是日常必備，須臾少不得。

一切就緒，再把四分之一杯橄欖油徐徐注入這清香四溢的濃醬，細細拌勻。最後加入陣容的是四分之一杯切碎的松子。一般來說，松子也可以用核桃來代替，只是口感有些不同。松子的餘香會長留齒頰間，我通常選用松子。

　　麵條煮好，用清水濾過之後，趁著麵條尚溫，將醬汁充分拌勻。做得好，這醬汁是無色透明的，就像給麵條裹上一層薄紗一般。味道卻是濃郁的。

Pasta 紅色醬汁

■作法：

紅色醬汁自然是加了番茄的。作法與白醬不同，不但需要熱處理，也比較費時費事。

取一隻中型深鍋，用中火加熱三分之一杯橄欖油或沙拉油，炒熟一又二分之一杯切碎的洋蔥、一瓣拍碎切細的大蒜。聞到香味就可以了，翻炒時間不要超過五分鐘。

在鍋內加入一罐蕃茄 (兩磅三盎司左右的大型罐頭，罐內湯汁不要濾出，與蕃茄一起下鍋)、一罐蕃茄醬 (六盎司上下)、兩湯匙切碎的洋香菜、一湯匙鹽、一湯匙糖、一茶匙乾奧瑞岡 (oregano)，一茶匙乾羅勒、四分之一茶匙白胡椒粉。充分攪拌之後，再加一又二分之一杯水。

用一把叉子將鍋中的番茄壓扁，使它們充分入味。鍋中物滾沸了，改成小火，加鍋蓋，熬煮一小時。

　　這鍋醬汁非常有味，一次用不完，可以密封冷藏，留待下次。自己廚房裡調製出來的醬汁自然遠勝外面買來的平裝麵條醬，不但為我們自家的餐桌帶來濃濃的地中海風情，更如那枝亭亭玉立的羅勒，滿載著我們款待客人的殷殷盛情。

羅勒葉（Greek mini window box basil）

Tips ▪

◎義大利麵食的形狀、色彩都相當誘人，但是煮過之後，體積會增大很多。
將義大利麵當做主食，份量不要太多，免得影響食慾。一般來說，半公斤(
500克)作為四人份，剛剛好。

◎動物油脂的口感好，氣味更是吸引人。植物油不油膩，有益於健康。兩種
油各取一半，用來煎肉，效果格外出色。

◎第戎芥茉醬在西菜領域用途廣泛，西方人用它來做三明治，更是不可一日
無此君。開罐以後放在冰箱冷藏，可以用很久。

◎澆裏義大利麵的白色醬汁十二分清淡，因為我們通常只是將麵條當作陪襯
而非主菜。如果主菜也很清淡，可以在白色醬汁裡添加二分之一茶匙鹽、
四分之一茶匙胡椒粉來加重口味。如果使用「有味麵」，醬汁則依然以清
淡為上。

◎洋香菜(parsley)，沒有中國香菜那樣濃郁的香味，卻有著些微的甘甜，也是
西方餚饌不可或缺之物。如果一時找不到，用中國香菜來代替，用量則減
少一半為好。

我的備忘小札

閃耀如昔的希臘橄欖漬製藝術
——Tzatziki & 三明治

在古希臘的黃金時代，當荷馬吟誦著《奧德賽》的時候，詩人不斷提到一種多汁而且味道鮮美的漿果 (berry)。事實上，詩人吟哦的正是橄欖 (olive)。

今日之雅典，行道樹仍然多是橄欖。其果實可以粗粗分成兩大宗，綠色和黑色。每年九月和十月，綠色橄欖進入成熟期，人們在樹下抖開白布，細心地將那淡雅的綠色果實摘下來。黑色、大粒、多汁、飽滿的橄欖則晚一點，要到十一月、十二月、來年元月才能採摘。

醃製橄欖是古老的藝術。還沒來希臘之前，我和住在美國加州的女作家 Lynn Alley 一樣，對這門古老的技藝充滿了好奇，也常常在美食的「精品店」裡，瞪著來自法國、希臘、義大利、西班牙或加州的醃橄欖發呆，想像著那又澀又麻根本無法入口的小東西怎樣變成了口感如此豐富的妙品。為了一

稚齡橄欖樹在古老的雅典代表青春和希望

系列類似的好奇，Lynn Alley 甚至寫了一本書，題目就叫做《Lost Arts》。在這本《失落的藝術》裡，作者奮力謳歌人類在進入科技時代之前的聰明與才智。她和當代許多崇尚自由的人們一樣，努力踏上反璞歸真的路，親自動手，將那已然失落的藝術重新撿拾回來。

我終於踏上了希臘的土地，和希臘百姓一道解決民生問題。這才發現，希臘民族是真正珍愛傳統的民族，並未在現代科技當道的今日失去先輩的品味。傳統釀漬藝術不但溫潤如昔甚至閃耀出新的光采。

我常在鬧市發現售賣橄欖的人，他們多是中年男子，海風和陽光為他們迷人的臉部輪廓蒙上歲月的滄桑。他們常常手握一柄極其光滑的橄欖木勺子，微笑著請駐足的客人先品嚐一番。我也常常在他們不忙的時候向他們請教一些問題。

他們告訴我，苦澀的新鮮橄欖需要放在網狀的容器裡，整個兒浸入愛琴海海水中，讓湛藍的海水浸泡六個月之久，再用清冽的泉水漂洗數

週。這時候，橄欖才能去除苦澀，可以吃了。為橄欖加味才是重點，希臘人把橄欖放在橄欖油、辣椒、薄荷、胡椒，以及許許多多不同比例的香草中浸泡，產生截然不同的口味。

在希臘，販賣橄欖的人常常正是那親手

三百種以上的醃橄欖是希臘人未曾失落的藝術

醃製橄欖的人，他們津津樂道自己的成就。據他們說，「去澀」的過程仰賴海水與山泉，至於醃漬出三百種以上口味的藝術加工，靠的正是他們自己的智慧和品味。醃料的選擇是關鍵，醃漬時間的長短更是非同小可。「箇中的學問和愛琴海一樣深不可測。」他們驕傲地說。

那第一位想到要用海水的鹽分來改造橄欖的前輩有著怎樣的智慧呢？希臘人回答說，「我們是大海與高山的子民，有問題，向大海請教是先民起碼的智慧。再說，大海也不吝惜給我們最妥善的回答。」他們覺得，事情本來就是那麼簡單易懂的。

橄欖樹在其果實成為希臘人的點心之後，不但迅速地繁衍起來，而且在兩千五百年前徹底改變了希臘的地形地貌。三、四千年以前，希臘曾是綠原，青銅器的鍛造使得大量樹木變成了燃料，一枝獨秀的橄欖樹又是三百年到六百年生的主根型樹木，不能像蔓生型植物一樣保護水土。終於，在植被退去的同時，山巖裸露，古希臘人發現自己居然身處美石之地，巨型神殿於焉而起。三千年之後，希臘仍然是個缺少綠色的國家，不能不歸因於先民的藝術細胞和橄欖樹。

儘管機器生產會帶來豐沛的利潤，希臘人不受誘惑不改初衷，一直以古法醃漬橄欖，也以古法榨取橄欖油。醫藥學發達的今天，各種研究報告告訴世人，唯橄欖油是真正健

橄欖油

康的食用油。如此機緣可能帶來的豐厚財富也絲毫沒有加快希臘人的腳步。在伯羅奔尼撒半島的東南部，全世界最著名的橄欖產地，我們見不到任何大發利市的徵兆。希臘人從簡陋的油坊和黑黝黝的罈罈罐罐裡自豪地捧出清純無比的橄欖油、「百味雜陳」的醃橄欖，就連那些一向以美食自豪的法蘭西人也露出了暈陶陶的表情。很多人，無論他們來自東方還是西方，面對此情此景，都會有著些許感動，都會想一想，什麼是「失」，什麼是「得」。

橄欖油除了煎炒烹炸烤以外，還可以派上許多別的用場。在安排野餐的時候，我常用橄欖油來做三明治。

三明治 *Sandwich*

■作法：

選一條新鮮麵包，希臘式、法國式或義大利風味的都可以。把麵包切成薄片。麵包切片最好用鋸齒形麵包刀，切得整齊美觀。選用已經切片的吐司也行，只是要記得把邊緣部份都切掉。

在一片麵包上，用小勺薄薄澆上一層橄欖油，然後逐層放上一片生菜葉、一片乳酪（任何口味都可以）、灑上一點自己喜愛的調味料（不妨試試奧瑞岡，地中海居民的最愛），再加上一薄片洋蔥、一薄片蕃茄，最後再覆上另外一片麵包，邊緣部份切整齊，就成了一個口感特別的三明治。

三明治不但適用於郊遊野餐，也適用於下午茶。

如果日程忙碌，不可能每天跑麵包店的話，可以用凍箱來「保

鮮」。

新鮮麵包用塑膠袋封好（凍箱專用袋最佳，普通的塑膠袋也可以用）放進凍箱。要用的時候，取出麵包放入微波爐，弱微波化凍，四分鐘即可取出切片。如果希望凍成石塊般的麵包瞬間變作剛出爐的模樣，可在化凍以後用中微波再加熱一分鐘。香噴噴、熱呼呼的麵包就可隨意派用場了。

有了麵包，「塗料」不可或缺。除了黃油、奶油、果醬之外，希臘人吃了五、六千年的 tzatziki（發音如同za-zi-ki）絕對值得試著去嚐一嚐。

希臘友人告訴我，tzatziki 出現的時間比醃橄欖更早，與釀造葡萄酒的歷史不相上下。這種塗料又確實經濟、營養而健康。數千年來，醃橄欖的技藝不斷翻新。青綠橄欖去核，填入雪白的杏仁或鮮紅的柿子椒，都是醃橄欖推陳出新的成績。但是，tzatziki 卻是數千年如一日，謹守傳統。地中海居民吃了幾千年竟然沒有倒胃口，可見其優秀。我家所在美東北維州維也納小鎮一家希臘小館在窗上貼出一則小啟，「本店無限量供應 tzatziki，堂吃或外帶，隨意」。瞬間，門庭若市。有許多客人，不但「堂吃」，還要「外帶」，一個個露出喜不自禁的模樣。

這東西，配方簡單，咱們自己也能做。

希臘麵包沾料 *Tzatziki*

■作法：
選一條嫩黃瓜，去皮、去籽、切成細長條，用鹽醃半小時，用紙巾吸乾水

分，切成極小丁，備用。

取一隻大碗，注入三～四湯匙純淨橄欖油、二～五瓣切得極細碎的大蒜，大蒜的用量視個人口味而定，用木勺攪拌均勻。

取一杯（八盎司）優酪乳（yogurt），未加糖，未加水果，沒有顏色，白白淨淨的為上選。把優酪乳倒進大碗迅速攪拌。再加入黃瓜小丁，攪拌至十分均勻，用保鮮膜將大碗封嚴，放進冰箱。

Tzatziki，麵包和橄欖

在上桌前，用一小片薄荷葉或香菜葉裝飾一下，也很好。也可以把薄荷或香菜切碎拌進tzatziki，是一種全然不同的風味。

麵包塗料是地中海居民的每日良伴，大家一日不可或缺。講究的主婦，會把這tzatziki裝進淺淺的銀盤，上面用半粒櫻桃或半粒黑橄欖作裝飾，都非常好看。我喜歡用敞口的瓷碗，旁邊另置一小碟，放一把扁扁的黃油刀。食客用黃油刀把「塗料」撥到自己的盤子上，再把麵包掰成小塊，蘸上tzatziki，放進口中，都會露出心滿意足的表情。

整粒的醃橄欖是極好的開胃小吃，也是雞尾酒會上的寵兒，上桌的時候不要忘記給食客們一束牙籤，絕對比小叉子討喜。

把醃橄欖切碎，用橄欖油稍稍拌一下，也可以成為一種麵包塗料，在義大利與西班牙非常之普遍，非常之流行。

橄欖與麵包乃生活之必需

橄欖的好搭檔，除了麵包之外，就是乳酪了。很多東方人不喜歡 cheese，但是和橄欖在一起，乳酪特有的腥羶會被橄欖化解，我們更能夠體會出乳酪的妙處。

醃橄欖不僅可以生吃，更可以做成熟食，最佳烹飪之法是烘烤。最簡單的例子，義大利人製作pizza，將醃橄欖去核，切成圓圓的小片，和乳酪、香腸一道成為pizza表層搭配，口感十足。

烤義大利麵，甚至烤魚，都可以將綠色或者黑色的橄欖切片、切條，放在麵或魚的表層來烤。橄欖多汁，烘烤之後不會太乾。橄欖有好滋味，與任何食物都不會起衝突。橄欖入烤箱，也不一定非有乳酪之類的奶製品不可，純純的橄欖油一樣好用。

經過歲月淘洗，人類未曾失落的藝術，仍然可以妝點我們現代人繁忙而緊張的生活。

Tips ▪

◎到地中海國家旅遊，各式餐館裡提供的沙拉，都是用橄欖油、檸檬汁和醋來調味。快餐店麥當勞入境隨俗，沙拉吧檯上，也放著純淨的橄欖油，大家不妨多多享用。

◎希臘人過復活節，家家烤全羊，刷在羊身內外的只有橄欖油、檸檬汁和一點點奧瑞岡。烤出的羊肉鮮嫩多汁，不帶一絲腥羶氣味。臺灣好氣候，戶外烤肉機會多，不妨試用上述三種配料。如果希望保持肉品原味，則少放鹽或者完全不用鹽。

◎東方人極善醃製青菜，坊間也有專書介紹。有些菜餚，爆醃數小時之後便可食用，用來搭配烤肉，效果甚佳。

◎義大利中部Umbria地方盛產橄欖油與果醋。在歐美，義大利餐廳在為食客提供麵包的時候，會提供麵包沾料。小小磁碟，一些橄欖油，再來幾滴果醋，色香味俱全。

甜美尾聲

——巴黎之酥胸〈奶油泡芙〉＆水晶蛋塔

　　多年前，客居高雄。忙碌而快樂的日程中，我常奔到青年一路的王家美術館去，那裡永遠有好畫好字可看，女主人金鳳姐那一聲「吃飽了沒？」更每每讓我從緊張和興奮中鬆弛下來。她那個問句可不是虛應故事，永遠是有「後續作業」的。

　　看我神色不對，她就知道我大概又在什麼飯局之後說了點兒意見，飯就沒有吃好，又站了一個鐘頭，這會兒只怕是早已飢腸轆轆了。她會在轉瞬之間，端了熱氣騰騰的飯菜出來。

　　看我舉重若輕，談笑自若，她就知道，點心即可。點心，點心，真是點滴在心頭。無論寒暑，她都弄得到甜而不膩，或可祛寒或可解暑的好東西來招呼我。她最常說的一句話就是：「少吃多餐，對你的胃好。」她知道，我是餓過的，下半輩子，再也餓不得。

　　其實，歲數比我小一點的朋友更糟。他們的童年正趕上大飢荒，尚未成年又上了山、下了鄉，真正是先天不足，後天失調，身體吃了大虧。記得，蘇偉貞、張德模曾經去加州看阿城。德模跟我說，阿城的胃有毛病，中午十二點一到，他就神不守舍，非吃飯不行。我跟德模說，那是餓的。

　　正如大陸作家趙繼康女士在《吃遍天下》裡寫的，許多好吃的東西在二十世紀五〇年代就被「取締」了，現如今更是蹤影不見。八〇年代初，我在臺北見著了唐魯孫先生的書，一邊兒吞口水，一邊兒傷心，我

可真是沒趕上好日子，唐先生文章裡那些好吃的東西，別說吃了，連聽都沒聽說過啊。

外婆是無錫人，又是見過吃過的，又做得一手好菜。1983年，我們被派駐北京的美國大使館工作。我又和外婆見了面，就笑問她：「楓糖糕是什麼呀？您早先也不給我說說？」老人家樂了：「那個辰光，我手裡什麼也沒有，沒辦法做給你吃，光是說給你聽聽，多殘忍。」一語中的，就是到了豐衣足食的眼下，捧讀唐魯孫、陸文夫的文章，流口水倒在其次，覺得飢火中燒才真是要命。而且那飢餓的滋味會如影隨形不棄不離，真是拿它半點輒也沒有。

我記事的時候，外婆萬般無奈地用麵粉加了水、糖、一枚蛋，在鍋裡滴幾滴油，煎幾隻小蛋餅給我做點心。在那個麵粉、糖、油、雞蛋都要憑票證供應的年代，那嫩嫩的、甜甜的小餅真是難得的美味。多少年後，我給家人做鬆餅（pancake）的時候，都會想起兒時往事，對今天的生活滿心感激。

也就是從那個時候起，在記憶的最深處，刻下了對麵粉、糖、油、雞蛋最美好的感覺。數十年之後，儘管醫藥界對這四種東西大有微詞卻絲毫不能動搖我對它們的鍾愛。

招待客人，我最常做的甜點是一種大型、圓環狀的奶油泡芙（cream-puff）。在一家烤具專賣店裡，初次看到這個叫做「巴黎之酥胸」（Paris-brest）的甜點食譜，馬上買了一應工具，回家試做。一炮而紅，外子吃得大樂，直叫和在法國火車上吃到的一樣棒。從此，我家客人不必再衝到巴黎去，就可以見識其「酥胸」的甜美。

做這道點心有些像小朋友做手工，需要圓規之類的東西。

奶油泡芙 *Cream-puff*

■作法：

先在一隻中等大小的深鍋裡混合一杯水、二分之一杯黃油和四分之一茶匙鹽。開中火，讓鍋裡的東西滾沸。把鍋從火口上移下來，熄火，用木勺攪進一杯麵粉，一直攪動到麵糰可以離開鍋底為止，時間決不超過一分鐘。在鍋裡加進三粒雞蛋，每加一粒蛋都要用力翻攪一番，力求均勻。三粒蛋都被攪進麵糰之後，繼續用木勺摔打麵糰，直到那金黃的一團麵開始變得光滑、油亮為止。需時五分鐘上下。

在一張十二平方英吋大小的牛皮紙上，用圓規畫一個直徑八英吋的圓。牛皮紙在文具店、郵局都買得到，是小朋友用來包書，我們用來包包裹的普通紙張。把這張紙放在一個平坦的烤盤上，通常用來烤餅乾的 baking sheet 最為好用。

在糕餅製作工具專賣店裡，買一個做點心用的漏斗型塑膠袋（pastry bag），十二英吋，型號3012的最佳。這種工具用過之後洗乾淨還可以再用，十分經濟。同時要買一個奶油擠花器（star tip），星型8號為宜。這兩種做點心的基本工具，在超級市場也買得到，都是很便宜的小設備。

用木勺把揉好的麵糰塞進漏斗狀塑膠袋（pastry bag），在漏斗尖端裝上星狀的 star tip，順著紙上的圓環，先擠出一圈，沿著內緣再擠一圈。袋中剩餘的麵糰就擠在兩圈交緣處的正上方，成為第三圈。麵糰這時候就變成了一個躺在牛皮紙上的圓環。

烤箱預熱華氏四百度。把烤盤連同上面的牛皮紙、金黃色的美麗圓環一道送

進烤箱，烘烤五十分鐘。

在一個小碗裡混合一隻蛋黃和一湯匙水，把蛋黃水刷在已經烤過的麵環上，灑上一些雪白的杏仁片，再續烤五分鐘。

出爐的麵環呈金黃色、淡棕色，非常好看。把麵環放在料理檯上涼快，我們來動手打奶油。

去超市買奶油 (cream) 的時候，我們要告訴售貨小姐，要買的是可以打成「硬硬的」用來做奶油泡芙的那一種，她一定會拿給我們鮮奶油 (heavy cream)。兩杯 (十六盎司，480 cc)，就夠了。買回家，放進冰箱，待用。

用一隻中等大小的盆，先把兩杯鮮奶油、一杯粉糖、兩茶匙香草精 (vanilla extract)、四分之一茶匙杏仁精 (almond extract) 充分攪拌，用保鮮膜包好，放進冰箱，冷它一小時。我通常利用烘烤麵環的時間做這一道工序。

取一隻大盆，放些冰水在裡面，把冷透的奶油盆直接放在冰水盆中，以保持低溫。用電動打蛋器高速打奶油，直到奶油十分厚重為止。大約十～十二分鐘。

麵環已冷，用利刀從側面剖開，麵環中心有些海綿狀的軟麵，全部掏出來丟掉，只留上下環狀的兩個硬殼，整個點心最香酥的部份。

再次使用 pastry bag 和 star tip，這次裡面裝的是打得極棒的奶油。把奶油擠到麵殼下環上，再把上環小心地蓋到奶油上面。美麗、香甜、入口即化的「泡芙」就完工了。

奶油泡芙

　　不想費事做成大環，可以做成幾個小型的S形狀，或者一個大大的U形，或者幾個小小的圓形的泡芙。形狀可以改變，手續不能少，麵殼中心僵僵的軟麵一定要拿掉，以甜美的奶油做填充物，這才是真正的奶油泡芙。

　　看到這裡，不少朋友會搖頭，那奶油泡芙真材實料，高脂肪、高膽固醇，酒足飯飽之後，再來上這麼一塊，可夠受了。如果晚飯並非速戰速決，大家邊吃邊聊，氣氛絕好，飯菜質高而量少，泡芙則非常討喜。如果晚飯的量非常可觀，甜點可以水果盤或水果蛋撻來作尾聲。

　　自製水果蛋撻分成三部分進行，前兩部分可以提前一天準備好，放在冰箱待用。

水果蛋撻 *Fruit tart*

■作法：

第一步手續是製作蛋撻底部那隻可以吃的小「碟子」(tartlat shell)。

做這道點心用得上唐魯孫先生的一個秘訣——麵粉要多篩幾遍。最後篩得的麵粉有一又二分之一杯就夠用了。

在一隻小盆裡混合二分之一杯黃油或者瑪琪林 (margarine)、四分之一茶匙鹽、四分之一杯糖。黃油要事先用小火融化。將混合均勻的糖、油、鹽倒入麵粉中，合成很有彈性的麵糰。

把麵糰分成十八到二十個小球，把每一個小小的麵球放進一個做蛋撻的模具裡，用手指細細捏到均勻、平整為止。做好之後，放進冰箱，涼快半個小時。

烤箱預熱華氏三百七十五度，把一隻隻「小碟子」平放在烤盤上，烘烤十二分鐘。蛋撻底殼呈金黃色，在料理檯上自然冷卻之後很容易脫離模具。

第二步，我們來做奶油 (rum cream filling)。先在一隻碗裡打散兩個蛋黃，混合四分之一杯牛奶和兩湯匙蘭姆酒。蘭姆酒產自牙買加等地，原料是甘蔗，卻不甜，可以當作飯前或飯後酒飲用，更大量使用在甜點製作中。如果不想買一大瓶蘭姆酒，可以在佐料店買一小瓶蘭姆香精 (rum extract)。如果使用香精，一茶匙就足夠了。

在一隻小鍋裡混合兩湯匙糖、兩湯匙麵粉、八分之一茶匙鹽。把混合均勻的蛋黃、牛奶、蘭姆倒進小鍋，用中火加熱，不斷攪拌。鍋中物開始滾沸，馬上移下火口，熄火。

把鍋中物倒進小盆，泡入冰水中，讓它在八至十分鐘之內冷卻，變得黏稠。在另外一隻小盆內把二分之一杯鮮奶油 (heavy cream) 打到黏稠，和冰水中的那盆甜品混合，再滴進二分之一茶匙純淨香草精 (pure vanilla extract)，細細拌勻，用保鮮膜包好，放進冰箱待用。

做蛋撻的最後一步是把混合而成的蘭姆奶油盛裝到小碟子般的撻殼裡。上面再用草莓、橘子、奇異果、香蕉、鳳梨等等水果來做裝飾。

如果有興致，還可以為蛋撻蒙上一層透明的「水晶」。作法是這樣的，把半杯杏子果醬加一茶匙熱水，在小火上慢慢稀釋，再用一把小刷子細心地刷到水果上。這樣一來，整個蛋撻就十分迷人了。

水晶蛋撻

現代人的生活忙碌不堪、粗糙不已，飢一頓飽一頓其實是平常事。細心地做些可口甜點不但是我家餐宴的甜美尾聲，更給了好朋友足夠的底氣，在他們奔向下一站的途中，實實在在地幫了忙。

每念及此，就覺得那一切的辛勞都是值得的。

Tips ▪

◎製作奶油泡芙的時候，在「下環」上面放了鮮奶油之後，可以添加一點果醬，草莓、小紅莓、藍莓等等都是很好的選擇，然後再放上「上環」。別有風味。

◎蛋撻底部「小碟」的製作需要細心和耐心，將小小一球麵糰放進模具以後，捏得越均勻、越平整，做出的蛋撻越美麗、越細緻。

◎蛋撻中心奶油部分的製作一定要把麵粉、鹽、糖先攪拌均勻，再加蛋、奶、酒。手續不可以簡化，否則，蛋撻吃起來會很怪異，口感盡失。

◎在臺灣的炊具店，尤其是西點專門店，可以買到各種做西點的小設備，包括各種模具。

那晚的餐桌上，一切如畫

—— St. Germain Soup

　　好朋友們常常會體貼地問我，請客吃飯成為一項工作的時候，會不會厭倦，會不會不勝負荷？

　　請客，重要的心理準備是分享，分享的內容裡最重要的大概是人際之間的溫暖，那溫暖不僅來自可口的飯菜。自朋友按響門鈴的那一刻起，我應該感受到一點點的不尋常，那不尋常撫著朋友的視覺、聽覺和嗅覺，令人心怡。朋友會感覺到的，做主人的先有了感覺，那分享才真實、可信。

鮮花與水果

　　鮮花和水果，是我請朋友來家裡吃飯不可或缺的兩道「開胃菜」。從玄關到客廳、餐廳，這兩道「開胃菜」以它們天賦的美麗和芳香吸引著朋友們，給大家留下溫馨的記憶。

　　年復一年，「鐵達尼號」以其優雅和淒美帶給世人一些感動、一些遐想。我在閒暇之時也會順手收集一些圖文並茂的小書，小書多半十二分的精美，滿溢著懷舊的思緒。讀之，感傷之餘，也常常帶給人一種今

日已經沒有了往昔的精緻、細膩、體貼入微的悵惘。尤其是食的藝術，更是在這餘波蕩漾中一而再再而三地被反覆提及。鐵達尼號處女航那「最後的晚餐」更是被寫手和出版家視為寶物，細加描繪，讓我們這些現代人看了，更加重了滿心的失落感。

文字記載，1912年春天，那一個令人神傷的夜晚，留在倖存者心底裡的溫馨，除了忠於職守的小樂隊所演奏的曲目之外，餐桌上的水果籃，花瓶中插著的粉紅色玫瑰和白色雛菊是令人印象最深刻的。據記載，當年水果籃中半透明的葡萄曾經和水晶酒杯交相輝映，而玫瑰與雛菊的華麗、雅緻正好把餐桌上的氣氛妝點得令人心醉。於是，人們的共同記憶裡出現了這樣的一句話，「那一晚的餐桌之上，一切如畫」。

「如畫」的內容自然不僅是水果鮮花，還有桌布、餐巾、閃閃發亮的銀器、杯盤，以及菜餚的色澤。當然，還有賓客的儀容、衣衫、鬢影。一幅畫，如此才能完整。

今天，人們日子過得總像是在跑步，回頭看那百年前的一幕恍如隔了不知多少世代。其實，細細看下來，那幅「畫」中的情景，沿襲至今的，比比皆是。

在歐洲，桌布和餐巾仍然是每頓飯、每次用餐不可或缺的組成部分，也不肯像美國的產品似的，以好洗免燙之特色為主婦們省些時間和力氣。歐洲的產品仍然以棉、麻為主，不好洗，熨燙起來更是費時費事。但是，鋪到了餐桌之上，那手感絕對是化纖產品無法達到的。我們常說的一個詞「品味」，其奧妙就在其中了。「品味」這種東西通常和「簡易」、「省事」沒有什麼姻親關係。在餐桌上，這幾乎成為一條定理。

今日西式餐桌上，通常餐盤已放在桌上就位，等待客人前來

一人份餐具

今日西餐餐具已經較百年前「簡化」了。右手邊兩把餐刀兩把匙簡化為一刀和一匙。其實並非真的簡化，只是將其挪動一下位置，明確職司而已。右手內側第一把小刀，當年稱作乳酪刀（cheese knife），現在挪到了左手邊的小麵包盤上，成為了黃油刀（butter knife）。右手邊內側小匙，原來的「甜點匙」，現在橫陳於餐盤正上方，作為晚餐結束之前最後使用的餐具，晚餐的尾聲正是甜點，所以這把小匙的職司不變。如此這般，餐具不再像早先列成一排，閃爍著森森的寒光，令人畏懼，其數量卻並沒有減少。如果，由李奧納多扮演的傑克當年在鐵達尼號上見到的餐具如同今日的擺法。他就不至於吃了一驚而幾乎被嚇到了。

一個世紀以前，鐵達尼號上的美食沙龍服務周到。客人坐穩之後，才有侍應生從左手邊將餐巾抖開，待客人將餐巾放置膝上，再奉上餐盤。今天的西餐桌上，通常餐盤已經放在桌上，上面放置湯盤或湯盞。餐巾摺疊成一朵花玉立於水杯（預備盛水的杯子，有別於酒杯）之中，或褶成長方，放在左手邊的兩把叉子之下。如果這次餐會沒有湯，或者將由主人或侍應生親手上湯，餐巾便可以摺疊成許多或繁或簡的花樣，放在餐盤內，或者用別緻的餐巾箍作裝飾。

可不可以再簡單些？當然是可以的，左手邊一把叉子，右手邊一把刀，中間一隻包納乾坤的餐盤，一張餐巾紙，也可以做整個晚餐的道具。只不過，不方便以此宴客而已。

至於菜式，正如同服飾的流行，也是隨著時間的推移而不斷翻新或復古的。

看鐵達尼號那「最後的晚餐」，與各種酒類相得益彰的十一道菜餚，多是口味繁複的菜色。當年，人們喜愛豐盈的體態，自然不會拒絕

豐裕的美食。其中許多菜式經過加加減減，也沿用至今。在我們試著小小華麗一下或犒勞自己或款待朋友的當兒，不妨試著做一道湯。

這道湯以法國皇帝路易十五的作戰部長 St. Germain 的名字命名。這道青豆湯今天仍然常常用 St. Germain 之名出現在普通餐館的菜單上，可見數百年來這是一道廣受歡迎的湯，食客並非只限於貴族。

路易十五遠沒有像路易十四般的聲名顯赫，但是他的奢華絕對不遜於路易十四。這位英俊、高大、強壯的國王日子過得豪華無比。他本人擁有三千匹馬、兩百一十部馬車、一百五十位穿著絲絨制服配戴金飾的私人侍從，甚至還有三十位醫生隨侍在側。對於這樣一位國王來說，美食自然是不可或缺的。

我發現，做這道湯來招待朋友，其色香味可博得東西方具有不同飲食習慣的朋友們共同的好感。於是，便常常預備了，用來宴客。我自己喜歡它的清淡，便也常常預備了，給自己來一道簡便而營養豐富的午餐。

青豆湯 *St. Germain soup*

■作法：

先將一茶匙黃油放在中等大小的深鍋裡加中火融化，然後投入半杯切細的蔥白、四分之一茶匙鹽、四分之一茶匙胡椒粉、白糖少許。炒香之後，加進兩杯新鮮豌豆或者冰凍豌豆、一杯撕碎的生菜葉、兩茶匙切碎的洋香菜或普通香菜、一杯高湯，加蓋，繼續在中火上煮五～六分鐘，這時，豆子已經煮得

很嫩了。

用打蛋器或食品處理器將煮好的豆湯與五杯高湯混合，攪拌成細膩的糊狀。過濾之後，再依個人口味添加一點佐料，或者加入一點點煎過的培根、小小的乾燥麵包塊，甚至一丁點切得極碎的火腿絲，以增添風味。

青豆湯

上桌前，略為加熱，這道湯更可口。

以這道湯作為前菜，後續而來的可以是烤魚、烹蝦、牛排、烤雞等等。

這道湯也可以和生菜沙拉、雞絲沙拉、幾片麵包一起，成為一頓健康午餐。

還可以用幾片蘇打餅乾配上這道湯，成為夏日午後的點心。

無論怎樣安排，如果我們還是想著要小小華麗一下的話，桌上擺一個水果盤吧，哪怕只是一粒葡萄柚，也會散發出迷人的清香。鮮花是不能少的，沒有玫瑰也無妨，一枝大大的香水百合可能更出色。

餐桌上的每日風景

這樣的清爽、恬靜、舒適，不是最好的禮物嗎？給我們自己，給我們的家人，給我們的朋友。

Tips ▪

◎在菜餚中，如果使用中國香菜代替洋香菜，在用量方面，可以適度減少。

◎餐桌上的花器以盆狀、盤狀為佳。鮮花以短枝為上，鮮花擺放之時，力求不致妨礙對面而坐的賓客的視線，也要避免令賓客不得不對著花瓶說話的尷尬。

◎餐桌上，如果不方便給每位食客一把黃油刀，可以在黃油盤（butter dish）上面留一把黃油刀，方便大家共同使用，如同中餐桌上的公筷。

◎鹽和胡椒小瓶，不可或缺。宴客之前，需仔細檢查，其顏色、形狀與桌布、餐盤是否協調？瓶中是否有物？鹽和胡椒有沒有放錯瓶子？此器雖小，卻極容易出亂子，須小心提防。

◎宴客如果採取自助餐（buffet）方式，擺放餐點的大桌子上面可以使用高大的花瓶，插些富麗的鮮花以配合餐桌的色彩，給賓客豐足的感覺。

炊具知多少

——晶盆藍梨 & 薯香滾肉

很多年以前，我也曾一鍋、一鏟、一刀走天涯。有了這三件寶，中式烹飪基本上就可以拿下來了，最多再添幾個小蒸籠。美式廚房寬大得很，常常百思不得其解，那麼多的櫥櫃，究竟要擺放些什麼呢？

待我開始嚐試西式烹調，沒等十天半月，那空蕩蕩的櫥櫃變得擁擠不堪，需得買些架子將空間區隔開才勉強擺放得下。

何以西餐餐具不能像中式炒鍋一樣可以做出無數花樣來，而非得各司其責弄得廚房裡滿坑滿谷都是鍋？我琢磨，很可能跟食的方式有關係。西方人用盤子盛放食物，用刀叉切割、進食。食物不必在料理途中就被切成一口大小，食客可以在餐盤之上隨意切割成自己需要的樣子。盤子碟子又不同於碗，沒有那般含蓄，一切都坦露無遺，於是，盤中物的美觀與否直接與食慾發生了關聯，無法掉以輕心。那麼，怎樣才能使得較大塊的食物保持美觀的形象呢？於是，大小不同，深淺各異，或圓或方的各種炊具應需要而生。在西式烹飪中，有些炊具是可以上桌的，像中國人用的火鍋一樣，身兼多種職司。這樣的炊具能進烤箱，能在火口上燒煮，能保溫，還要美觀。

細察西餐炊具，我們可以發現，有兩種至關重要的器物是絕對的主角，在一幅一百五十年前錄製的圖錄上，在這兩位主角的右方特別用繩結做出記號，以示其重要性。

一是平底鍋，一是有蓋小型深鍋。

這是十九世紀，一個義大利家庭必備的炊具、餐具圖

在今天的炊具市場上，平底鍋（frying pan）和有蓋小鍋（sauce pan）通常都有一個統一的稱謂，叫做「每日用鍋」（everyday pan），真正是一日不可無此君。

一般來說，平底鍋需要三個，以直徑七吋、十吋、十二吋最為好用。如果我們手邊只有一隻大號的平鍋，製作蛋捲（omelet）或者法式煎餅（crepe）的時候，就會發現這隻鍋實在是太大了，不容易控制蛋捲或者煎餅的形狀。反過來也是一樣，小號平底鍋難容乾坤，請客的時候不但會手忙腳亂，而且會因為武器不精而敗下陣來。自十六世紀以來，西方美食世界就視這三種口徑的平底鍋為廚具之必備是有道理的，當我們檢視食譜的時候就可以發現，食譜作家們早已認定，讀者廚房裡早已備有這套寶物，否則的話，根本就不用談了！

西餐的醬汁花式多樣，所以熬煮醬汁的小鍋自然是要角。此鍋相當深，醬汁滾沸的時候不至於噴濺出來。深三又二分之一吋，直徑七吋的小鍋最為合用。通常，我會買一隻小小的無蓋小鍋專為融化黃油而設。這樣，醬汁小鍋就不必擔負太多的重責大任，請客的時候便可以四平八穩地「坐」在爐臺上專司其職。

也許，有人會問，這樣重要的角色能不能合而為一呢？現代廚具公司，比如美國的 Williams-Sonoma，法國的 Le Creuset，德國的 Cook Shop 都體諒主廚，將七吋平底鍋和七吋醬汁小鍋合而為一，變成一個直徑八吋深三吋的有蓋小鍋。省了一隻鍋佔用的一點點位置而已，我是寧可將其職司分開，各買一隻的。

烤具，除了烤麵包、蛋糕的各式烤盤之外，烘烤主菜的烤盤可以考慮購置比較美觀的陶製品。陶質烤盤可以直接上桌，減少了換盤子

在歐洲，深受主婦喜愛的德國公司「Cook Shop」

的手續。除了英、美、義大利、西班牙的產品以外，後來居上的波蘭產品也非常受歡迎。臺灣與日本、歐洲一樣，烤箱都不是巨無霸，長十二吋、寬八吋、深三吋的烤盤比較適中。

湯鍋也是必不可少的，煮義大利麵、熬湯都少它不得。過濾器也應當多準備一、兩個，濾麵和洗菜同時進行的當兒，過濾器是不嫌多的。

我們走進一個西式炊具店，常常被那些五光十色種類繁多的不明之物嚇到，是不是有很多可以忽略不計呢？我在這裡試舉兩個例子。

製作蛋捲（omelet）的小鍋，最棒的一種呈長方形，十吋長、六吋寬、一吋半深。蛋捲在其中慢慢捲成一個長筒型，上桌的時候，可以說是十分的完美。如果喜歡蛋捲這種既好吃又簡單，可以隨意添加任何口味的菜式，大可買上一隻小小蛋捲鍋。要不然，使用小號平底鍋，將蛋捲變成蛋餅，呈半圓狀，也挺好。

另外一種鍋是長長的一條，長十八吋、寬只六吋、深達三又二分之

一吋。德國 Cook Shop 公司生產的這種鍋裡面配備了一隻活動的架子，很容易提拉出來，用來燻、蒸、煎、燜全魚，非常好用。尤其是燜魚的時候，主廚們都知道，一定要熄火，魚身更是不可觸動。這種時候，這種專為烹魚設計的鍋子就顯示出它的優勢了。魚兒熟了，只消將鍋中的小架子提出來，稍一傾斜，魚兒自然滑落盤中。當然，如果主廚藝高膽大，在一隻普通的中式炒鍋中也可以將魚兒燜得恰到好處，這種鍋子也不是非有不可的。

那麼，西式炊具中，什麼物件是特別令人心儀的呢？

我的廚房良伴、最為忠誠的助手是 Dutch oven。千萬別誤會，那並非另外一隻烤箱，而是可以煎、可以炒、可以烤、也可以煮和燉的一隻五項全能鍋。這個寶貝在細雨霏霏、北風怒吼的日子裡格外喜人。這隻鍋胖敦敦、沉甸甸地透出實在，讓我們放心地跟它廝守一輩子。

現在西方家庭不可或缺的炊具

這鍋由生鐵鑄成，外面搪了深藍、墨綠、橘紅、或者淡淡杏仁色美麗釉彩，十分好看，端上桌子也不輸給其他的盤子、碗。

這鍋最大的優點是受熱之後鍋子上下部份溫度均勻，鍋蓋更是沉重，蓋上鍋蓋的一隻燉鍋，真像是一隻烤箱一樣的嚴實，食物的水分不

會化作蒸氣溢出，食物在鍋內受熱均勻，也就不會沾鍋。如果烹飪時間掌握得恰到好處，那一鍋鍋的美味更會使主廚對這助手的忠誠深深倚賴。

如果，手中已經有了這麼一隻好鍋，我們就來實地演練一番。這道菜有著墨西哥風味，東方人將它當作年菜也滿好的，吃起來有一絲絲甜，顏色紅艷、金黃，十分的喜氣。

晶盆藍梨 & 薯香滾肉 *Beef stew with pears*

■作法：

買三斤牛肉，前肋肉最好，切成一吋大小的方塊，洗淨，用紙巾拍乾水分。在燉鍋內放入三湯匙植物油、三湯匙黃油，開中火。待油熱了，就把牛肉塊放進去煎，牛肉不要堆積，平鋪鍋底為宜，每一塊牛肉都煎到六面黃即可。這個煎的過程需要半個小時。當牛肉全部出鍋的時候，鍋內會有一層香噴噴的汁，那可是原味牛肉汁，千萬不要倒掉。

然後，把一杯半洋蔥丁(大約需要四個中等大小的洋蔥)、二分之一茶匙百里香(thyme)、四分之一茶匙肉桂(cinnamon)、八分之一茶匙丁香(cloves)放入鍋內細細翻炒，以五分鐘為限。香料都炒好了，把燉鍋從爐檯上移下來，放在隔熱的料理檯上。

在燉鍋裡加入兩湯匙麵粉、一湯匙番茄醬、一整片月桂葉(bay leave)、兩茶匙鹽、二分之一茶匙白胡椒粉、一茶匙粉末狀檸檬皮(ground lemon peel)，把這許多的佐料充分攪拌。

開一個梨子罐頭，二十九盎司的大型水果罐頭，把對半切開的梨子都取出來待用。把罐頭內的梨汁全部倒入燉鍋內，把已經煎好的牛肉塊也全部放入燉鍋內，將燉鍋放在爐臺上，開大火，再徐徐注入一杯半葡萄酒。

鍋中物煮沸之後，改為中小火，蓋嚴鍋蓋，讓牛肉和各色佐料在鍋中燉煮一小時二十分鐘。因為 Dutch oven 受熱均勻，在這八十分鐘之內，不必打開鍋蓋，更不需要翻攪。

可以利用這一段時間來處理蕃薯。選六枚中等大小的蕃薯，置於一隻深鍋內，加入開水，水必須淹沒蕃薯。將鍋子移至大火之上，待水再次滾沸改為中小火，加蓋，再煮三十分鐘。用牙籤試探一下，蕃薯已軟，就可以將火熄掉，將蕃薯拿出來放涼。待蕃薯冷了，去皮，切成一吋大小的滾刀塊。

八十分鐘時間一閃即逝，牛肉已經燉得很好了。我們現在可以把蕃薯、梨子、三湯匙的無核葡萄乾一齊投入燉鍋中，不加蓋，續煮十分鐘。這時候，湯汁已經黏稠，蕃薯呈金紅色，梨塊也染上了金黃。

上桌之前，切一點細碎的洋香菜撒在上面，更加清香撲鼻。

在做這道菜的時候，我們可以清楚看到，西式燉鍋無論煎、炒、燉、煮樣樣職司都完成的合乎標準。如果，做的是年菜，我們可以提前一天將牛肉燉好，放置在冰箱或者溫度比較低的地方。大年夜，只需要將整鍋牛肉預熱，再加入蕃薯、梨和葡萄乾一起續熱十分鐘，開上一瓶紅酒，吃年夜飯囉！

有沒有想到一件不可或缺的寶物？猜到了！一點不錯，就是計時器（timer）。千萬不要讓它離主廚太遠。按時間表操作，讓那叮零零作響的計時器幫助我們完成每一道好菜。

Tips ▪

◎購買炊具，無論中式或者西式，都以耐久為上。美國Calphalon公司出產的炊具都有極佳的品質保證，煮它幾十年仍然忠誠可靠。近年來，All-Clad公司推出 stainless with d5 technology 炊具，掀起烹飪革命。這種炊具要求在冷鍋中加食用油，用小火預熱一兩分鐘，只需中火便可以完成各種職司，不但保證廚房完全無油煙，而且省電省瓦斯，絕對環保。至於耐用的程度，我們更是可以一百二十個放心，這些明晃晃的炊具真是可以用到地老天荒。

◎廚房小道具當中有一些可以幫助我們注意到飲食健康。有一種長方或者正方形平底煎鍋，底部稍微傾斜，煎肉的時候，熱油會流淌到角落的小槽內。尤其是煎燻肉（培根）的時候，燻肉不至於一直浸泡在油裡。此類煎鍋用來煎香腸、「熱狗」，甚至煎蛋、製作鬆餅（pancakes），都很好用。不妨選購一隻。

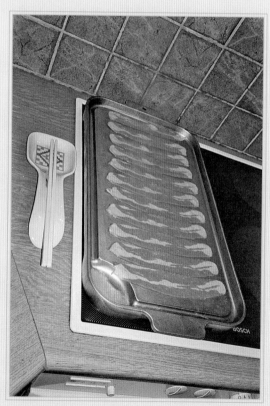

煎燻肉最好用的平底煎盤

送禮送到心坎裡
——情人節&火雞宴

　　林太乙女士在她的著作《林家次女》和《好度又度》之中,都談過家鄉人做肉鬆的情形。那又香又脆的肉鬆不但是自家過日子的必需品,更是好禮。那禮不但帶給不在家鄉的親朋好友濃濃的家鄉味,甚至飄洋過海,成為海外遊子思念故土時無上的慰藉。

　　1998年年底,我在雅典收到了來自高雄的烏魚子。金紅色的烏魚子一下子把我們帶回了高雄。這份禮重得很,滿含著友人的細心、耐心和技巧,一如幾十年前廈門廖家女子們製作肉鬆的細心、耐心和技巧。

　　這三樣特質也剛巧是現代人送禮成功的必備條件,缺一不可。

　　送禮送得讓受禮之人暖在心頭而不會成為過於沉重的負擔,需要的不僅僅是愛心,更是思慮深遠的細心。

　　1999年元旦,我們出門作客,主人是希臘裔的美國人,主婦是德國裔的美國人。夫婦倆人酷愛藝術,家居環境盡可能地浪漫、舒適。日常生活,兩位都善飲,不僅愛酒,也愛咖啡。我仔細地在禮品店選了大型的圓柱型蠟燭,足有兩磅重。此類蠟燭是希臘特產,手工製作,且在其中鑲嵌了薰衣草、肉桂枝或者咖啡豆。我選了鑲有咖啡豆的。點燃的時候,一點點慢慢融化的祇是蠟燭的中心部份,一公分厚的外緣部份不會融化,卻因為溫度的關係會散發出淡淡的咖啡香。這種由熔點不同的蠟作成的蠟燭確是一份不錯的禮物。主人打開包裝的時候,非常開心。

　　同時赴約的另外兩位客人都是希臘朋友,一位在商界工作,另一

位是歷史學家。商界朋友的禮物是一套喝伏特加酒的小瓶，中間的小籃則是裝魚子的設備。對於喜好美食又善飲的主人而言，這真是很棒的禮物。學者友人帶了兩份禮物來，一份送給主人，一份送給我們。由四位知名學者合力完成的學術著作《古希臘——一部政治、社會、文化史》，同在外交界服務的主人和我們當然是十二分驚喜。

三種禮物，我們和商界朋友可得八十五分，歷史學家可得一百分。他不但想到了主人而且想到了客人，那份細心包含了更深的誠意。

中國人過年少送書。一位臺灣友人很委婉地告訴我，闔家團圓的日子，小輩常常陪著老人家打幾圈衛生麻將。書「輸」同音，不大好。我回答他，你送張繼高先生大作《必須贏的人》，或者就像齊邦媛教授說的，一邊奉上書，一邊連聲祝福，「一本萬利」……。朋友撫掌大笑，連聲說好。

可見，送禮是文化更是學問，值得好好研究。

我們在聯合國工作期間，一位英國外交官夫人曾經打電話給我，說是初次在紐約請客，客人是一對日本夫婦。進門的時候，兩位嘉賓的身後跟著他們的駕駛先生，戴著白手套，捧上一張几案。高雅的花梨木上了年紀，一件珍品。英國友人一夜難眠，不知回訪的時候應該帶上什麼樣的禮物才算「合適」。

這是一個例子，太過貴重的禮物常常無法達到預期的效果。「禮多人不怪」也不一定完全合邏輯。那麼怎樣才能穩操勝券呢？

我通常在接到請帖的時候就開始做一番調查研究。主人是何方神聖？家居環境如何？他(或她)是「在地人」還是「天外來客」？他們有些什麼偏愛嗎？都要一一找到答案。

名牌產品例如領帶、香水、名筆，通常不會送給陌生人，因為這些貼身使用的東西都有太多的私密性。唯有個人的偏好、品味才能決定取捨。帶著這類禮物去探望初次見面的朋友多半不會討好，除非已經通信十年，那自然另當別論。

香菸、烈酒有礙健康，當然免談。連糖果都得十分小心。受禮的朋友血糖可能不太穩定，或者天天去健身房，很在意體重的變化呢。

雅典街角花店

鮮花總沒有問題吧？那可不一定。外交圈的朋友剛剛抵達駐地，家裡的盆盆罐罐還在海上漂。頭一次請客，大批鮮花湧到，手中花器卻不得三、兩隻。

帶一把花去朋友家

看女主人滿頭大汗地將嬌嫩的花兒成綑地「插」在用來洗涮地板的水桶裡，真是心痛。不但為難了主人，更是糟蹋了花兒。對於初初抵達的友人，送上花器或是致送盆栽絕對比捧著花束上門來得體貼。

那麼，這世界上有沒有絕對「保險」的禮物呢？當然有。「秀才人情書一本」是絕對好禮。陶器也是妙品，世間萬物拜現代科學之賜多可批量生產，DNA甚至可以造出生物令人心悸，但是藝術品中的現代陶器卻少有人挖空心思去仿造。陶器又不同於瓷器。瓷太過典雅，欣賞瓷器需要一點美學知識。手工陶器卻拙樸有趣，更加自然，給人一分親近大地的暖意。受禮人哪怕是億萬富翁，在那十二分富麗的客廳裡添加一隻生趣盎然的小陶罐絕對是美事一樁。

如果我們要送禮的對象並非華裔人士，那麼，最佳禮物便是茶了。臺灣產茶真正是天下聞名。每次回臺灣，朋友們送給我的禮物不是書就是茶，都是世界上最好的東西。我把茶葉帶到世界各地，各國朋友在數年之後還是津津樂道著我辦的那許多茶會。茶，有益健康，茶的價值不能用金錢來計算。臺灣產的茶，不但品質有保障，更蘊含著文化與歷史的芳香，正是上上好禮。

細心的朋友提出疑問，洋朋友喝慣了「袋茶」，送茶葉給他們，若是泡茶的工具短缺，不是給他們添麻煩嗎？請放寬心，洋朋友若是有一包高山茶在手，便會直奔市內最高級的廚具店，徹底解決泡茶工具的問題。工具好辦，好茶難得，洋朋友們都有此共識。

海外華僑盼望好茶與林太乙她們盼望家鄉的肉鬆是一樣的心情，雖然各地中國超市與茶葉專賣店都有好茶可以買，但是茶自故鄉來，那份深情自是意義不同。所以在海外，送華裔朋友好茶也是不錯的。

　　至於身邊的親人，結褵已近三十年，每年的禮物至少有三份，生日、結婚紀念日和聖誕節。年復一年，禮物漸漸難覓。幸好我們兩人都愛藝術品，除了袖扣、領帶之外，我看到合他意的書與畫，也會早早買下，收藏起來待好日子到了給他一個驚喜。外子除了香水、首飾之外也會留意各種民間織品、陶瓷、彩繪、琉璃。知道這些有趣的事物必會帶給我許多的快樂。

　　一位親密女友告訴我，節日，尤其是情人節那天，她只想可以免去一人掌廚的辛勞。她的另一半善解人意，或是帶她去餐廳，或是親自動手，整治出屬於兩人的溫馨世界。細看他精心調配的雙人食譜，也是很有趣的。

　　其中一份兩人「火雞宴」確實是保存了「火雞」這道傳統節菜的特色，又甚為體貼地成為一個小小的兩人晚餐，不會留下太多的「善後」工作。總之，不會像烤一整隻火雞那樣在餐前忙碌數小時，餐後還得吃上一個禮拜的火雞三明治。

　　提到火雞，東方人多半會搖頭，那隻大鳥笨得可愛，肉卻粗糙，難以下嚥。

　　其實，火雞肉也可以調理得鮮嫩多汁。美國人感恩節烤火雞，塞在火雞肚子裡的填充物（stuffings）也可以做得很合東方人口味。

火雞宴 *Turkey and stuffings*

■作法：

選四片火雞雞胸肉，和燒烤普通雞胸肉的方法一樣，用 teriyaki 醬汁醃浸半小時，如果方便，加一個蛋白、一湯匙白葡萄酒則更佳。在一個已經預熱的燒烤平鍋內注入一茶匙植物油，加熱至中火，將火雞肉平放鍋中，第一面煎三分鐘，第二面不超過兩分鐘。四片火雞肉煎好之後放進一個已經預熱的大盤之一側。

平鍋中的火雞原汁保留下來做司塔芬 (stuffings)。當初，自歐洲移居美洲新大陸的人們，飢寒交迫之際，野生的肥碩火雞成了救命的食物。將麵包小塊塞入火雞腹中，讓肉汁涓滴不剩被充分吸收正是新移民節儉美德的具體表現。這一傳統與東方人的傳統美德並無二致，我們大可保留。

在尚存火雞原汁的平鍋內加進兩湯匙黃油，在中火上融化，輕炒一磅新鮮蝦仁，時間不超過一分鐘。加入一罐蘑菇濃湯 (大約十又四分之三盎司)，再加入四分之三杯水 (六盎司)、半杯切碎的芹菜、半杯切碎的青椒、一茶匙檸檬汁、一茶匙乾芥茉、二分之一茶匙 Cajun-all seasoning (超市香料專櫃應當買得到，其成分是鹽、胡椒、紅甜椒粉、大蒜，其味道接近中式料理的五香粉，只是，Cajun seasoning 比較柔和而已)，以及六盎司重的新鮮麵包小塊 (一立方公分大小)，全部炒勻，需時半分鐘。改成小火，加上鍋蓋，再燜五分鐘。

熄火，揭開鍋蓋，在熱氣騰騰之中，灑進二分之一杯細絲或者細屑狀 mozzarella cheese。這種乳酪一下鍋就成了長絲狀，需要快速攪動才不至於黏成一團。

火雞肉和司塔芬

畫廊就在咖啡店隔壁

司塔芬出鍋以後，與燒烤火雞共處同一大盤。再搭配一些蔓越橘醬（cranberry sauce）、一些青菜、一瓶紅酒、一些燭光、幾枝鮮花……。

飯畢，如果左近有一家小小咖啡店，和咖啡店比鄰而居的又是一家小畫廊，都在步行可達的距離內，那麼，喝一小杯咖啡，再去畫廊走走。這個情人節就會很不一樣了。

Tips ▪

◎送禮部分：

◎臺灣早已國際化，大家與世界各地的朋友們時有往還，好禮的文化更是傳承已久。日常生活中，可以收集一些細緻的小件中國結、交趾燒、琉璃等等極富特色的禮物，以備不時之需。

◎臺北國立故宮博物院製作的複製品都是上上好禮，在國際社會廣受歡迎，圖錄與專書也多有外文本，是很好的選擇。現代藝術部份，八方新氣絕對領先潮流，每一件都是精品。

◎菜譜部分：

◎將四片火雞肉浸入四分之一杯檸檬汁，置冰箱一小時。取出以後，濾掉汁水，待用。在一個大碗裡打散一個蛋，加入兩茶匙牛奶。在另外一個大碗裡放四分之三杯乾燥的麵包屑 bread crumbs。火雞肉先沾了蛋奶，再沾麵包屑，放在平鍋內用已經融化的黃油來煎。這種作法可用來處理已經烤熟已經冷硬無法下嚥的火雞肉，也可以用來烹調新鮮的火雞肉，都是東方人可以接受的口味。「口重」的朋友在蛋奶中加入鹽和白胡椒，吃起來滋味更好。

◎菜譜中製作司塔芬的小麵包塊，以吐司麵包比較省事，先把麵包皮切掉，再切成小方塊。如此便可保證這道菜的鬆軟。

◎麵包店買來的未曾切片的整條麵包口感更好，只是切削麵包皮比較費時費事。

悠遊美食世界的地圖

——中西食譜閱覽

為了更生動地描述歐洲人早年在匯集美食經驗方面的努力，我去找希臘收藏家斯塔佛羅斯。他精通古典印刷，年輕的時候，很收集了一些精美的印刷品，連博物館級的收藏他都有不少。我拜託他到倫敦去的時候，在那 old print 最大的集散地，幫我尋找有趣的插圖。

他興致勃勃地介紹我看幾幅一百二十年前的印刷品，最可愛的一幅，描述的是烹飪學校上課的情形。這幅插圖原載於1873年4月26日的 Illustrated London News，描摹設於國際博覽會上的一間烹飪學校。

學員當中，雖然女性居多，但也有紳士熱心參與。學員們可以品嚐成品，又可以同時觀看烹飪過程，而且，旁邊還有人解說。從美食源流到所需炊具、材料、準備工作，以及烹飪手法一一加以詳盡的說明。

這與現代的烹飪教程有所不同，當初，我在臺北看傅培梅女士教授「電視食譜」，傅女士一邊操作，一邊解說。親切的笑容，清晰而條理分明的解說給我留下深刻的印象。待到我自己「開班授徒」，便將古典與現代相結合，事先寫好講義，事先做出一份成品，當堂示範整個操作過程。或者，將爐臺交給極為可靠的朋友，自己據守料理檯，力求讓學員得到更為廣博的知識與技巧。

據記載，早年英倫的烹飪學大大有名，不僅傳授本國美食之作法，更成為東南西北吃的集散地，歐洲各國甚至中東、遠東的著名烹飪法都在這裡大放異彩，得以廣泛流傳。

國際博覽會上美食學苑一景

巴黎近郊St. Germain美食節一景

　　現代人拜科技之賜，已不必盛裝華服去美食學苑上課，可以在家裡，邊看電視邊做記錄，也可以買它幾本菜譜，實地操演一番，做出的菜餚也不比經驗老到的名廚遜色。

　　怎樣選購食譜，是大學問。

　　一般來說，我偏愛歐美樸素無華而且真正精準的食譜，絕少使用「少許」、「適量」、「酌情加減」之類的語彙。一般來說，西方人，無論男女老少，都以善烹飪為榮，而且很高興與舊雨新知分享其烹飪經驗、心得。於是，超級市場、健身俱樂部、學校、社區活動中心，到處懸掛著佈告板，上面張貼著各種食譜。廚具和炊具商店、佐料店更印製精美食譜分送進來逛一逛的客人。這些食譜通常都精準可靠。

　　初學做西菜，看著書店裡數以百計、五顏六色、悅目之極的食譜書不知如何下手的朋友，最簡單的辦法是走進一家知名的炊具店，取一份贈閱的食譜，買幾件必須的炊具，回家製作一道沙拉、一道主菜、或者一道湯。通常，炊具店製作的食譜都分外詳盡，烹飪程序十二分清晰，有時甚至圖文並茂，力求讓從未親近過廚房的人們一舉成功，從此與美食結緣，成為炊具店的常客。

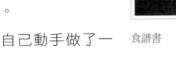
食譜書

　　自己動手做了一

兩道菜，感覺興味之後，就可以考慮購買經典食譜。比方說 Oxmoor House 出版社出版的《年度最佳食譜選》（America's Best Recipes），有點像臺灣的年度小說選。由一個權威的評審委員會，將美國全國在那一年中出版、編寫的各種食譜進行嚴格的篩選，找出成品最為可口，撰寫最為清晰的四百道食譜，依前菜、飲料、麵包、蛋糕、餅乾、甜點、蛋與乳酪、魚與貝、肉類、麵與飯、派與點心、家禽、沙拉與沙拉醬、調味品與佐料、湯與燉菜、熟食蔬菜等分類。卷首必開宗明義提出每年的專題。比方說，1990年以巧克力做專題，1991年則以英國、蘇格蘭、愛爾蘭烹調做專題，不僅有食譜，更有美食源流的詳細介紹，值得細加研究。書尾還附錄參考書目，使得一本食譜更富於學術精神。喜愛尋根究柢的朋友可以憑藉這些資訊，在圖書館裡挖掘出一大片極其有趣的美食天地。

二十一世紀，在美國最受歡迎的美食電視節目「America's Test Kitchen」在美國東北部波士頓近郊擁有一座兩千五百平方英呎的巨大廚房，近四十位頂級廚師，極為專業的寫手、畫家與編輯群，不但編輯出版《Cook's Illustrated》和《Cook's Country》兩種月刊，更出版年度選集《The Best of America's Test Kitchen》。這個不凡的「廚房」研究一切有關美食的學問，研究為什麼有些餐點是世界之最，它們好在哪裡？它們究竟是怎樣製作出來的？製作這樣的餐點究竟需要怎樣的炊具，怎樣的原材料，怎樣的佐料？一一找出答案，然後手繪圖解、寫出最清楚明白的文字，在雜誌裡，在年度選集裡，在他們的網頁上。近年來，這兩本沒有任何廣告的雜誌，這每年一本的選集，都是我最為倚重的工具書，帶給我交織著古典與現代的全方位的美食知識。

尤其是年度選集式的經典食譜，最值得推薦。其重要的特色是無論

喜歡何種烹調方式的主廚都能從中找到自己心儀的食譜。初學者不會覺得太難，識途老馬也不會覺得乏味。

除此以外，兼顧美食與生活美學的《Gourmet》和《Bon Appetit》也是廣受歡迎的雜誌，這兩家出版公司也有年度專書出版，領先潮流。他們會推出極為繁複的菜式，也會推出以簡單、健康為號召的食譜，很適宜日常生活異常忙碌的現代人。我的辦法是準備一本自用手冊，在雜誌上看到好的食譜，剪下演習一番，如果喜歡就「留下案底」，日後可以「照方抓藥」，假以時日，更可以完全演化成自家私房菜。

製作簡單亦可以吃出健康的食譜，是今日美食新寵，大有市場，出現了許多的專書。紐約 Simon and Schuster 1987年出版美食作家 Laurie Burrows Grad的作品《Make it Easy，Make it Light》至今還是許多美國家庭的廚房寶典。Grad 女士的書可以用「非常科學」來形容。不但卷首有怎樣才是「吃出健康」的專論，而且告訴讀者如何具體地進行。食譜方面更是每一則都詳細標明此道菜可供多少位食客享用，每客卡路里是多少，準備工作需時多少，烹飪時間與冷卻時間的長短也都一目了然。趕時間的讀者只需掃一眼那「安民告示」，馬上可以做出判斷自己的時間與環境是否能順利做出這道菜。書中還附有大量的「省時秘訣」非常貼心，深受主廚們歡迎。

美食畢竟是藝術。這仍然是許多現代人的觀念。高科技當道的現代社會，還是有相當數量的人群珍惜「機器做不出來的」藝術品，美食正是其中之一。秉持這種傳統觀念的美食書籍照樣廣受歡迎，它們出現在書店、美食專賣店、炊具店的書架上，較少在超級市場現身，足見身價不凡。

　　我很喜歡 Silver Palate 美食專賣店提供的食譜、菜單，其中包含各種成功的秘訣，非常有學問。專賣店主人 Sheila Lukins 和 Julee Rosso 用生動而準確的筆觸寫成一本三百六十餘頁的大書，題目就叫做《The Silver Palate Cookbook》，將曼哈頓的兼容並蓄、五味雜陳、風流幽默，在在收納進去。我們展讀此書，做了幾道很有來頭的菜之後，便會發現，味蕾的品嚐功能有大幅度的提高，我們在美食方面的品味已然「更上一層樓」。

　　就拿食用植物香料 (herbs) 來說，在曼哈頓這麼一個「寸土寸鑽石」的地方，Silver Palate 有許多客人在浴室澡盆旁，在廚房狹小的窗臺上，細心種植烹調用的香草。專賣店主人到巴黎去採買，不是去買巧克力和香水，而是依照顧客們的要求，直奔塞納河畔的 Quai de la Megisserie，從那裡帶回自家顧客指定的香草種籽，用來培植烹調不可或缺的香料。

　　食用植物香料並非一定要用新鮮的，在一般超市都可以買到瓶裝的乾燥香料。使用新鮮香料，其用量比乾燥的多出兩倍，更不用說採買、種植、清洗等等繁瑣工作多麼的費時費事。但是，味道就是不一樣啊！新鮮香料的色香味豈是瓶裝乾燥成品能夠比擬的？下鍋馬上聞見那差異，入口之時，品味之高下更是立見分曉。

　　位於百老匯的 Workman Publishing 出版公司在數十年間不斷再版的這本書，最大的成就正是使得每一位讀者不但輕鬆愉快地成為稱職的主廚，而且一步步地成為真正的美食家。

　　如果意猶未盡，期望自己端得出各種風味名菜，在美食天地裏大展拳腳，還可以用郵購的方式購買美食學苑的教材。在美國，有多種選擇。通常，都會給讀者十天到半個月的試讀期，不滿意的話，寄還便好，分文不取。

當年，我有心學習法式餚饌，便選擇了著名的 McCall's Cooking School。這間學苑擁有自己的出版社，由位於Ohio 的 Field Publications 負責發行。他們出版的食譜以活頁方式寄售，內容則以「一步步跟著我做，包你成功，絕無失敗」為號召。從他們每個月寄給我的二十道食譜裡，我學習到好食譜的精準。在材料項目裡，若是其分量指定是四分之一茶匙，便必須遵照指示執行，多一點則太濃，少一點則太淡。若是隨便增減，絕對達不到預期的結果，原因便在於這些食譜經過成百上千次試驗，準確無比。

做菜是藝術，如此一板一眼豈非大煞風景？美食學苑要培養的正是明日的大師。正如同天才畫家幼年時的嚴格訓練，有了一板一眼做基礎，才能有後來的盡情揮灑。更重要的是，在那學習的過程中，我們從燻鮭魚到牛排，甚至從咖哩到天婦羅，不但達到自己預期的目標而且涉獵了世界各地的菜餚，得以嘗試融會貫通之法。

要想專精，需要進一步的研習。我在地中海之畔居住了三年，對一些著名的地方菜很有興趣，常去書店找些食譜來讀。*The Villa Table*是義大利烹飪名家 Lorenza de Medici 1993年由英國 Pavilion Book 出版社出版的一本專書，詳細談及義大利美食，尤以西西里地方菜為特色。每一道菜做法之嚴謹、傳統烹調與現代設備調適之合宜、不同的烹調方法之利弊都一一在書中突顯。義大利文與英文相對照更方便了讀者，甚至為讀者在餐廳尋找著名的地方菜提供了方便。字裡行間不但充分表現作者烹調手藝的純熟，更明白表示出她是美食學苑的出色教席。她的書寫回答了許多剛剛入門者的疑問，力求清晰、簡潔、易懂。

實實在在的，我從西菜食譜中得益匪淺，也常常以西菜饗客，有不

少成功的經驗。但是，一旦遇到「聯合國」式的「美食大賽」，我端出去的往往是正宗中華美食，很打過幾次硬仗，也很得到過一些讚譽。成功的關鍵正是我手邊那幾本培梅食譜。

未曾謀面，只在電視上見過的傅培梅女士，她的言傳、身教，使我受益無窮。無論被派駐到東方西方任何國家和地區，都端得出來最受歡迎的中式佳餚。

在這裡，我應當對親愛的傅培梅老師致以最誠摯的敬意、最深切的謝意。

Tips ▪

◎在外文食譜中發現有趣的菜餚，先寫下這道菜的名稱，在西餐廳裡試吃一下，如果覺得有興味，再回家試做不遲。

◎培梅食譜有多種外文版。出國訪友，或在國內招待外國友人，都是上上好禮。手捧一卷培梅食譜，友人日後很可能邁入中華美食世界，即便不能成為美食家，成為一名好食客也是極大的收穫。

◎出國旅行，在紐約、波士頓、倫敦、巴黎、雅典、羅馬這些老城，看到街頭巷尾那些出售老印刷品的小店，不妨進去走一走。很可能發現上了年紀的有趣的食譜、菜單。把自己中意的帶回家，很可能生發出極為不凡的菜式。

沒有顯眼的招牌，但名滿天下，端得出各式菜肴的法國餐廳

菜單上最少有六種文字的餐廳

我的備忘小札

心誠則靈 （ 代跋 ）

　　一篇篇有關美食的文章刊出，反響熱烈，不但收到文友與讀者朋友們的來信、電話，我們也曾有過面對面的討論。

　　西菜也可以是這樣簡單？

　　正如我們的青菜、豆腐，簡單後面仍然有著很多不同的可能性。

　　西菜必須如此繁複？

　　正如我們的滿漢全席，繁雜背後是一部厚厚的歷史，一部厚厚的民俗文化史。

　　西菜和中菜之間隱隱約約的，有著某種聯繫？

　　正如太平洋的海水，連接著許多本來是不可能的通道。

　　回答各種意像的或具體的問題，我不斷記起在寫每一篇文章的時候，在幾十道菜譜裡選出一兩道的難於取捨。

　　文章是寫給國內朋友看的，會不會引發嘗試去實踐一番的興趣，會不會從飲食文化的異同之中得到點滴啟發，會不會好奇之心大起而去尋根究柢一番？那都是我殷切期待著的。

　　「食經難寫」的百般滋味——嚐到了，心境依然是快樂的。

　　正如同我在家裡請朋友吃飯一樣，誠心、細心加上耐心，更時時將心比心，自然也就會得著一些出乎意料的欣喜。

　　到底什麼是rosemary？就是迷迭香，就是曾經沿著地中海盛開成一個美麗花環的植物，就是少女們用來洗滌秀髮、主婦們用來薰衣裳、主廚們用來做調味料，在我家陽臺上毫不起眼，聞起來清香撲鼻，吃起來

別有滋味的那一株草啊！

　　勤勞智慧的古希臘人讓那一株草今天與我們朝夕相伴。那一株草便奮不顧身地幫我端出一道道好菜，給我家客人留下深刻的印象。

　　無數美好的回憶成為這些文字的真實背景。

　　我卻在期待著，這些文字能夠帶給親愛的讀者朋友愉快的閱讀時光，充分的想像空間，以及一試身手的強烈願望。

　　民以食為天。地球村的每一個角落都在實踐著這條真理，只是各有巧妙不同。

　　謹以我的些許經驗與朋友們分享。

2010年10月9日

記於美國北維州維也納小鎮

英漢對照表

A.

Active dry yeast	活酵母
Allium schoenoprasum	蝦夷蔥
Allspice	綜合調味料
Almond extract	杏仁精
Appetizer	前菜、開胃菜

B.

Bacon	培根、燻肉
Baking powder	醱粉
Baking sheet	平烤盤，用於烘焙餅乾、點心
Basil	羅勒，口味較九層塔清淡
Bay leaf	月桂葉
Black-eyed bean	「黑眼圈」白豆，產自溫帶
Black tie	請穿禮服赴宴
Blue cheese	法國傳統乳酪之一種
Brandy	白蘭地
Bread crumbs	乾麵包屑，常用來做「裹衣」，或煎或炸
Brioche	法式麵包之一種，呈花盆狀
Buffet	自助餐

Business suit	請穿正式服裝赴宴
Butter	黃油
Butter dish	黃油盤
Butter knife	黃油刀

C.

Cajun-all seasoning	美國南部路易斯安那州特產辛辣調味料
Calorie	卡路里，食物熱量之計算單位
Casual	赴宴衣著整齊、舒適
Celery seeds	芹菜籽
Chablis	不甜的白葡萄酒之一種，產自法國、美國加州等地
Champagne	香檳
Cheese	乳酪、起司
Cheese knife	乳酪刀、起司刀，與黃油刀一樣，平滑無刀鋒
Cheese straws	乳酪小吃之一種，形似「麻花」
Chervil	調味香草，山蘿蔔葉
Chestnut pebble bean	栗色粗紋豆
Cider vinegar	蘋果醋
Cilantro	東方香菜
Cinnamon	肉桂
Clove	丁香
Cocktail	雞尾酒

Cognac	法國科涅克特產白蘭地
Cointreau	法國產飯後酒之一
Cranberry sauce	蔓越橘醬
Cream-puff	奶油泡芙
Crepes	法式煎餅
Cycladic	愛琴海諸島，其文化期存在於公元前3000～2000年

D.

Danish blue	丹麥產 blue cheese
Dark meat	禽類之脖子、翅膀、腿等等「活肉」
Dijon-style mustard	第戎芥茉醬
Dill	蒔蘿
Dill weed	野生蒔蘿
Dionysus	希臘神話中的酒神
Dolmades	葡萄葉米捲的希臘文讀法
Double boiler	雙層小鍋，用於隔水加熱
Drambuie	蘇格蘭飯後酒
Dry white wine	不甜的白葡萄酒
Dutch oven	燉鍋
Dutch white	荷蘭白豆

E.

Equal	代糖之一種

Estragan	伊斯妥岡，調味香草，用來泡醋風味奇佳
Extra virgin olive oil	一榨的最純淨橄欖油

F.

Feta	希臘傳統羊乳乳酪
Fireplace	壁爐
Flavored pasta	已加調味料之義大利麵食
Flounder	小比目魚
French goat cheese	法國羊乳乳酪
Frying pan	平底煎鍋

G.

Grand Marnier	法國飯後酒之一
Great Northern	大白豆
Greek mini window box basil	調味植物，希臘迷你羅勒
Greek seasoning	希臘綜合調味料
Grill	燒烤、炭烤

H.

Heavy cream	製作蛋糕、甜點用之鮮奶油
Herbs	食用調味香草
Hickory chips	山胡桃木條，烤肉最佳燃料

I.

Italian 4-pack	義式沙拉醬作料包，Good Seasons公司出品
Italian sweet sausage	義大利甜香腸

L.

Lemon & Dill	檸檬、蒔蘿調味料
Lemon peel (grated)	磨碎之檸檬皮
Lemon / Basil seasoning	檸檬、羅勒調味料
Lenox	美國餐具公司
Light cream	低脂肪奶油
Lima	利瑪豆
Liqueur	味濃性烈之甜酒

M.

Mallet	使鮮肉鬆軟、柔嫩之小槌，木質或鐵質
Margarine	瑪琪林，植物油凝成的「黃油」
Marjoram	墨角蘭
Marsala wine	義大利西西里特產葡萄酒
Mint	薄荷
Mixer	廚用電動打蛋器、攪拌器
Mozzarella cheese	最常用的義大利烹調乳酪之一
Mustard (ground)	乾芥茉粉

N.

Nightfall bean	夜色豆
Nutmeg	豆蔻

O.

Olive oil	橄欖油

Olive	橄欖
Omelet	蛋捲
Onion powder	洋蔥粉
Oregano	奧瑞岡，尤以希臘產最為著名
Osmanthus	桂花

P.

Pancake	鬆餅
Paprika	紅甜椒粉，以匈牙利產為最佳
Parmesan cheese	義大利波米贊乳酪
Parsley	荷蘭芹、洋香菜
Pasta	義大利麵食之通稱
Pastry bag	製作點心用的漏斗型塑膠袋
Pie	上下麵皮中間有餡或在麵皮之上直接鋪餡，主菜或點心，或鹹或甜
Pinto	黑白斑豆
Placemat	餐桌上，為每位食客準備的桌墊
Plain yogurt	純淨優酪乳
Pure vanilla extract	純淨香草精

R.

Recipe	食譜
Red kidney	紅菜豆
Red lentil	紅扁豆

Ricotta cheese	義大利瑞可達乳酪
Rosemary	迷迭香
Rum	蘭姆酒，產自牙買加等地的甘蔗酒
Rum cream filling	以蘭姆酒調製的奶油點心餡
Rum extract	蘭姆香精
Runner	長條型織品桌飾
Rustica	義大利鄉間派

S.

Sage	食用調味香草，鼠尾草
Salad dressing mix	沙拉醬佐料包
Sauce pan	有蓋小型深鍋
Seafood seasoning	烹海鮮調味料
Sherry	雪莉酒，產地西班牙者最為著名
Sole	鰈魚
Spaghetti	義大利細麵條，直如鋼絲
Splenda	代糖之一種
Split pea	對半裂開之小圓豆，黃、綠兩色為多
Spoonful	代糖之一種
St. Germain soup	青豆湯
Star tip	製作甜點、蛋糕用的星型擠花器
Stuffing	司塔芬，放入火雞或其他家禽腹中之充填物
Sweet wine, such as Port	類似波爾特酒之甜葡萄酒

T.

Tabasco	辛辣調味料
Tarragon	塔拉岡,食用調味香草
Tartlet shells	蛋撻底部用麵粉做成之小碟
Teriyaki	日式調味、燒烤醬汁
Thyme	百里香
Tiger eye bean	虎眼豆
Timer	廚房用計時器
Tzatziki	希臘傳統麵包「沾料」

V.

Vanilla extract	香草精
Vine leaves stuffed with rice	葡萄葉米捲

W.

Waxed paper	廚房用蠟紙
White tie	最為正式的赴宴衣著,男士著禮服、白色領結,女士著長禮服
White wine	白葡萄酒
White meat	禽類之胸肉
Wine vinegar	果醋

Y.

Yogurt	優酪乳

計量 & 換算(含四捨五入)

1杯=8盎司=16湯匙=48茶匙=240毫升

3/4杯=6盎司=12湯匙=36茶匙=180毫升

2/3杯=5盎司=11湯匙=32茶匙=160毫升

1/2杯=4盎司=8湯匙=24茶匙=120毫升

1/3杯=3盎司=5湯匙=16茶匙=80毫升

1/4杯=2盎司=4湯匙=12茶匙=60毫升

1/8杯=1盎司=2湯匙=6茶匙=30毫升

1/16杯=0.5盎司=1湯匙=3茶匙=15毫升

烤箱溫度對照表

◎華氏0度 = 攝氏零下17度　　◎華氏212度 = 攝氏100度

最低溫烤箱	華氏 250～275 度	攝氏 121～133 度
低溫烤箱	華氏300～325 度	攝氏 149～163 度
中溫烤箱	華氏 350～375 度	攝氏 177～190 度
高溫烤箱	華氏 400～425 度	攝氏 204～218 度

韓秀 show 上桌
—— 一位外交官夫人的宴客秘笈

作者◆韓秀

發行人◆施嘉明

總編輯◆方鵬程

主編◆葉幗英

責任編輯◆徐平

美術設計◆吳郁婷

出版發行：臺灣商務印書館股份有限公司

台北市重慶南路一段三十七號

電話：(02)2371-3712

讀者服務專線：0800056196

郵撥：0000165-1

網路書店：www.cptw.com.tw

E-mail：ecptw@cptw.com.tw

網址：www.cptw.com.tw

局版北市業字第 993 號

初版一刷：2011 年 7 月

定價：新台幣 300 元

ISBN 978-957-05-2610-3

韓秀show上桌：一位外交官夫人的宴客秘笈／韓秀
著. -- 初版. -- 臺北市 ： 臺灣商務, 2011.07
面 ； 公分.

ISBN 978-957-05-2610-3（平裝）

1. 飲食　2. 文化　3. 餐飲禮儀　4. 文集

538.707　　　　　　　　　　　　　　100006637

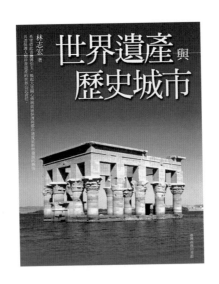

作者　林志宏

定價　420元

　　此書定名為《世界遺產與歷史城市》，討論的內容從目前阿富汗大佛遭到嚴重破壞，國際社會與阿富汗內部如何進行保護的過程出發，思考世界遺產與文化多樣性的關係；繼而在吸收、借鑒聯合國教科文組織文化政策的基礎上，側重介紹聯合國教科文組織推動下的世界遺產保存國際合作計畫、以及歐亞重要歷史文化名城如法國巴黎、法國雷恩、西班牙聖地牙哥和中國曲阜的自發性可持續發展實踐，通過遺產保存、傳統街區保護與都市適度更新的多類型案例，思考城市文化多樣性的保存與城市發展和諧性的關聯，並從中提煉出實際的政策指導和操作意義。

　　作者希望借此書　磚引玉，喚起大眾關心傳統街區保護與都市適度更新與發展的熱情，共盡保護人類珍貴遺產的世界公民責任。

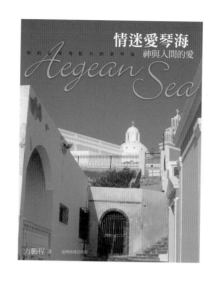

作者	方鵬程
攝影	高莉瑛
定價	350元

　　經過三十多年的嚮往與閱讀，五年的準備，作者終於決定和大家相約去愛琴海，看看神秘的回教國家土耳其、與讓人終生感到浪漫難忘的希臘。

　　愛琴海的島嶼像一串散落的珍珠，分布在土耳其與希臘之間，神秘與艷麗的愛琴海旅程，曾經讓參與特洛伊戰爭的希臘名將奧德修斯迷失十年。面對愛琴海的絕美景色，我們又怎能不為之「意亂情迷」呢？

　　作者用高解析度的相機拍下愛琴海的點點滴滴，與您共享愛琴海的美麗與情意。

100台北市重慶南路一段37號

臺灣商務印書館 收

對摺寄回，謝謝！

傳統現代　並翼而翔

Flying with the wings of tradtion and modernity.

讀者回函卡

感謝您對本館的支持，為加強對您的服務，請填妥此卡，免付郵資寄回，可隨時收到本館最新出版訊息，及享受各種優惠。

■ 姓名：＿＿＿＿＿＿＿＿＿＿＿＿＿＿　性別：□ 男　□ 女

■ 出生日期：＿＿＿＿年＿＿＿＿月＿＿＿＿日

■ 職業：□學生　□公務(含軍警)　□家管　□服務　□金融　□製造
　　　　□資訊　□大眾傳播　□自由業　□農漁牧　□退休　□其他

■ 學歷：□高中以下（含高中）□大專　□研究所（含以上）

■ 地址：＿＿＿＿＿＿＿＿＿＿＿＿＿＿＿＿＿＿＿＿＿＿＿＿

＿＿＿＿＿＿＿＿＿＿＿＿＿＿＿＿＿＿＿＿＿＿＿＿

■ 電話：(H)＿＿＿＿＿＿＿＿＿＿＿　(O)＿＿＿＿＿＿＿＿＿

■ E-mail：＿＿＿＿＿＿＿＿＿＿＿＿＿＿＿＿＿＿＿＿＿

■ 購買書名：＿＿＿＿＿＿＿＿＿＿＿＿＿＿＿＿＿＿＿＿

■ 您從何處得知本書？

□網路　　□DM廣告　　□報紙廣告　　□報紙專欄　　□傳單
□書店　　□親友介紹　　□電視廣播　　□雜誌廣告　　□其他

■ 您喜歡閱讀哪一類別的書籍？

□哲學‧宗教　　□藝術‧心靈　　□人文‧科普　　□商業‧投資
□社會‧文化　　□親子‧學習　　□生活‧休閒　　□醫學‧養生
□文學‧小說　　□歷史‧傳記

■ 您對本書的意見？（A/滿意　B/尚可　C/須改進）

內容＿＿＿＿＿編輯＿＿＿＿＿校對＿＿＿＿＿翻譯＿＿＿＿＿
封面設計＿＿＿＿＿價格＿＿＿＿＿其他＿＿＿＿＿＿＿＿

■ 您的建議：＿＿＿＿＿＿＿＿＿＿＿＿＿＿＿＿＿＿＿＿

※ 歡迎您隨時至本館網路書店發表書評及留下任何意見

臺灣商務印書館　The Commercial Press, Ltd.

台北市100重慶南路一段三十七號　電話：(02)23115538
讀者服務專線：0800056196　傳真：(02)23710274
郵撥：0000165-1號　E-mail：ecptw@cptw.com.tw
網路書店網址：www.cptw.com.tw　部落格：http://blog.yam.com/ecptw